# 不平等と再分配の経済学

## 格差縮小に向けた財政政策

トマ・ピケティ 著
尾上修悟 訳

明石書店

L'ÉCONOMIE DES INÉGALITÉS

THOMAS PIKETTY

# 読者への覚書

本書は、一九九七年に初めて書かれ出版されたものである。同書はそれ以来、複数の再版の対象とされながら世に出されてきた。現在は、とくに第七版の枠組に入っている。しかしながら、次の点を強調しておく必要がある。それは、本書の全体の構成は、一九九七年以来変わっていないこと、また、本書が基本的に、当時利用可能な情報と参考資料を映し出していることである。とりわけ本書は、不平等の歴史的発展に関する二〇〇〇年代初め以降に現れた国際的調査を不完全にしか考慮していない。そこで、これらの歴史的な調査とそこから引き出すことができる教訓の詳細に関心がある読者は、World Top Incomes Database（ネットで利用可能）と私の本、『21世紀の資本』（*Le Capital aux xxi^e siècle*, Seuil, 2013）を参照されることを願っている。

# 目次

# 序論

不平等と再分配の問題は、政治的な対立を引き起こす。この対立は、少し大げさに言えば、伝統的に以下のような二つの立場の対立となって現れる。

一方で、右派の自由主義的立場がある。かれらは我々に次のように語る。唯一、市場の力、個人的なイニシャチブ、ならびに生産力の発展によって、長期的に収入と生活条件、とりわけより不利な状況にある人々の生活条件を真に改善できる。それだから、再分配に関する公的活動は、控え目な規模でなければならないだけでなく、とにかくできるだけわずかな介入に制限されねばならない。そうした介入は、恩恵をもたらす立派なメカニズムにより行われる。それは例えば、ミルトン・フリードマン（Milton Friedman）［1962］(原注)が示したような、徴税と資金移転（マイナスの租税）の統合されたシステムである。

他方で、左派の伝統的な立場がある。これは、一九世紀の社会主義理論と労働組合による実践か

原注――［ ］内の出典は、本書巻末の引用・参考文献を指示している。

ら引き継がれたものである。この立場は、我々に以下のように語る。唯一社会的かつ経済的な闘争が、資本主義システムの生み出す次のような人々、すなわちお金のより不足している人々の貧困を軽減できる。同時に、そうした立場は、再分配の公的活動こそが、先のケースと正反対に生産過程に入り込まねばならないと唱える。それは、市場の力が、資本の保有者にとって適切な利潤を決定するという仕方を問うためである。それはまた、賃金労働者の間の不平等をも問題にする。このことは例えば、生産手段を国有化することで、あるいは大きな拘束力を持つ給与表を決定することで示される。そこでこうした立場は、財政資金移転の費用を賄うために税金を支払わせることで済ますものではない。

このような右派と左派の対立はまず、次のことを示している。それは、再分配に関する公的活動の具体的な形と機会に関して、両者の意見は一致していないことである。このことは、社会的公正の原則が相反しているためでは必ずしもない。その要因はむしろ、不平等を生むような経済的かつ社会的なメカニズムに関する相反した分析にある。実際に、社会的公正の根本的な複数の原則に関して、一定のコンセンサスが見られる。もしも不平等が少なくとも一面で個人のコントロールできない要因、すなわち家族あるいは幸運によって引き継がれたような、当初から与えられている不平等によるのであれば、当該の個人は、自らその責任を負うことができない。そこで、国家が最も不利な立場にある人々の境遇を、より効率的な仕方によってできる限り改善しようとすることは正しいであろう。その際の最も不利な立場にある人々は、自らコントロールできないような最も不利な要因に直面してきた人々である。現代の社会的公正に関する諸理論は、こうした考えを「マクシミン（maximin）原理」の形で説いてきた。この原理によれば、公正な社会は、社会システムが提供する最低限の生活の機会と条件を最大のものとしなければならない。これは、セルジュ‐クリストフ・コルム（Serge-Christoph Kolm）［1972］とジョン・ロールズ（John Rawls）［1972］によって、形式的に導入された原理である。しかし我々は、この点を多かれ少なかれはっきりとした形で、はるかに古くから見出すことができる。それは、例えば伝統的な考えによる。これにしたがえば、平等の権利はできる限り拡大されると共に、すべての人に保障されねばならない。そしてこの考えは、理論的レベルで非常に広く受け入れられている。真の対立は多くの場合、社会的公正という抽象的原理というよりはむしろ、より不利な立場にある人々の生活条件を実際に進歩させるのに最も効率的な仕方、そしてすべての人に同意を得られるような権利の拡大に、いっそうかかわっているのである。

それゆえ、不平等を生み出す社会・経済メカニズムを綿密に分析することによって初めて、再分配に関する二つの極端なビジョンに対し、その真理を認めることができる。このようにしてその分析はおそらく、より公正な、かつまたより効率的な再分配を設けることに貢献できるであろう。本書の目的は、そうした方向にいかに進めるかを現在の状況で認識することにある。

このような右派と左派の対立という例は、再分配の異なるタイプすなわち再分配の異なる手段の間の対立がとくに大きいことを示している。市場とその価格のシステムが自由に機能することをそのままにすべきか、また租税と財政資金移転の手段により再分配することで済ますべきか、あるいは市場の力が不平等を生み出す仕方を構造的に変更させるべきか。経済学者の特有な表現によれば、この対立は、純粋な再分配と効率的な再分配の間の相違に関係する。前者は次のような状況に適用される。そこでは、市場均衡がパレート（Pareto）の考えの下で確実に有効である。すなわち、すべての人が勝利するという仕方で生産と資源配分を再編することはできない。しかしその際に、純粋な社会的公正を考慮することで、より恵まれた個人が、それほど恵まれていない人に資金を再分配することが求められる。第二の再分配は、次のような状況に相当する。そこでは市場の不完全性が、生産過程への直接的介入を伴う。そして、そうした介入によって同時に資源配分のパレート的効果と資源配分の公平性を改善できる。

現代の政治的な対立が実際にある中で、この純粋な再分配と効率的な再分配の間の対立は多くの場合、控え目な規模の再分配と、より野心的な再分配の対立と混同されてしまう。しかし、この伝統的な右派と左派の対立は、時が経つにつれて複雑になっている。例えばこの点は、左派のある人々が、「市民権を持つ人の最低限所得」の設定を推奨して以来示されてきた。この所得はすべての人に向けられ、そのための費用は租税により賄われ、また市場のゲームに直接には干渉しない。したがってそれは、唯一その規模の点でフリードマンによるマイナスの租税とは異なる。一般に、再分配の問題はそれゆえ、再分配の規模の問題と必ずしも混同されるものではない。本書はこうして次のような点を明らかにすることに力を注ぐ。それは、これらの二つの問題が異なる仕方で扱われることによってその価値を高めるという点である。と言うのも、それらの問題は一般に、異なる考えや反応を引き起こしてしまうからである。

以上のようなことを探究するためには、次の点から始めるのが有効であろう。それは、現代の不平等を特徴づける歴史的な数値の概算とその変化に注意を払うことである。このことによって、不平等と再分配の理論が考慮しなければならない主たる事柄を確認することができる（第一章）。続く二つの章（第二章と第三章）は、主として不平等を生み出すメカニズムに関する分析を示している。それは、知識人が相対立する理論で争う政治的問題を強調すると同時に、観察されるか、あるいは観察し得る事実を主張することである。またこれらの事実によって、そうした理論を区別することができる。第二章はまず、資本／労働の不平等の問題に力点を置く。これは根本的な不平等であり、それは一九世紀以降の社会問題分析を非常に特徴づけている。次いで第三章は、労働所得自体の不平等問題を取り扱う。この問題はおそらく、現代の不平等問題の中核となるかもしれない。しかも、そうした不平等はずっと以前から、確かに存在していたのである。いったん、これらの体験から教訓が引き出されると、本質的な問題を深めることができる。それは、再分配の条件と手段の問題である（第四章）。とくに、フランスにおける不平等と再分配が注視される。それは、たとえ利用可能な情報と研究が比較的乏しいとしてもそうである。このことは、一九九〇年代のフランスの公の議論の中で、失業や社会分裂などが大きく注目されたことと明らかに対照的である。しかしながら我々は、不平等に関する情報と研究の乏しさによってしばしば、次のようなことで済まさざるをえない。それは発表されてきた諸理論を明らかにし、確認し、あるいはそれに異議を唱えるために、他国に関する、とりわけ米国に関する研究を利用することである。

# 第一章　不平等とその変化の測定

現代の不平等は、数値としていかに概算されるか。一定の国において、貧困者と富裕者を分かつ不平等は、後者の所得が前者のそれの二倍、一〇倍、あるいは一〇〇倍というような格差で測ることができるか。これらの格差は、歴史や地理の中で観察される不平等といかに比較することができるか。そうした格差は、一九五〇年と一九〇〇年、あるいは一八〇〇年においても同じであったか。失業に対する不平等は、一九九〇年代の先進諸国における主たる不平等となっていたか。

## 所得の異なるタイプ

世帯が実際に受ける取る所得の異なる源泉は何か。次頁の表1は、二〇〇〇年にフランスで居住する二四〇〇万ほどの世帯の所得を、賃金、自営業者（農民、商人、自由職業者…）の所得、年金、その他の移転所得（家族手当て、失業手当て、社会復帰最低所得保障〈RMI〉）、ならびに資産収益（配当金、利子、使用料…）の観点から分類したものである。

表1.
フランスの家計が受け取る異なるタイプの所得：2000年（%）

| | 賃金 | 自営業所得 | 年金 | 資金移転 | 資産 |
|---|---|---|---|---|---|
| 平均 | 58.8 | 5.8 | 21.3 | 9.5 | 4.6 |
| D1 | 17.9 | 1.7 | 43.2 | 34.2 | 3.1 |
| D2 | 30.0 | 2.3 | 44.6 | 20.7 | 2.4 |
| D3 | 38.3 | 2.9 | 40.8 | 15.1 | 2.9 |
| D4 | 44.3 | 2.7 | 35.7 | 14.3 | 3.1 |
| D5 | 50.6 | 2.6 | 28.9 | 14.6 | 3.4 |
| D6 | 58.4 | 3.6 | 22.0 | 12.4 | 3.6 |
| D7 | 63.3 | 3.4 | 19.8 | 10.4 | 3.2 |
| D8 | 66.5 | 3.3 | 18.7 | 7.6 | 3.9 |
| D9 | 68.6 | 4.6 | 16.6 | 5.6 | 4.6 |
| P90-P95 | 70.2 | 7.0 | 13.4 | 4.1 | 5.3 |
| P95-P100 | 63.6 | 16.4 | 8.4 | 2.9 | 8.8 |

解説：「D1」は、最も貧しい家計に相当する10%を表す、「D2」はそれに続く10%、このように連続して示される。「P95-P100」は、最も富裕な家計に相当する5%を表すと共に、「P90-P95」は、それより下の5%を表す。賃金は、家計全体が受け取る取得の平均で58.8%を表す。それは、最も貧しい家計に相当する10%分が受け取る所得の17.9%、またそれに続く10%分については30%、そして最も富裕な5%分については63.6%を各々占めている。
注：自営業所得は、農業収益、工業・商業収益、並びに非商業収益から成る。資金移転は、家族手当て、失業手当て、社会復帰最低所得保障（RMI）…から成る。家計が受け取る資本所得、あるいは家計の資産収益は、株式の配当、利子、賃貸借料から成る。すべての所得は、社会保険料と一般社会保障負担税（CSG）／社会保障債務返済（RDS）を差し引いたネットのものである。
出所：INSEEのアンケート「2000年の家計」（筆者が計算したもの）

この表1から、我々は何を学ぶか。まず、世帯の全所得の五八・八%は賃金の形で受け取られる。それに自営業者の所得から成る五・八%分を加えると、就業所得と言われる所得全体の約三分の二がそれで得られる。次いで社会的所得は、世帯の全所得の中で三〇%以上を占める。このうち三分の二以上は年金に関するものである。最後に、世帯の資産収益は、かれらの全所得の約五%を示すにすぎない。しかし資本所得は、世帯の所得に関するアンケートの中で、悪名高いほどに不適切に報告される。支払われる配当や利子に関する国民的会計は、企業と銀行システムが提供する数値に基づく。これによれば、世帯の全所得に占める資本所得の割合は一〇％ほどの高さに達する［INSEE, 1996b, p.26-29］。ともかく、すべての所得の源泉は次のような一致した結論を示す。すなわち就業所得は、世帯の受け取る資本所得よりも少なくとも六〜七倍以上の額を表しているのである。そこで、すべての先進諸国における所得の分類に関して、その一般的な特徴が問題となる［Atkinson et al., 1995, p.101］。ここでの五％あるいは一〇％という数値はしかしながら、一国経済と一国社会の全体に対する資本所得の大きさを過少評価している。と言うのも、企業の資本所得の中でその大きな部分は、そうした資本を保有する世帯には分配されないからである（第二章、六八〜七〇ページを参照）。

ある人が富裕であるか貧困であるかに応じて、その人の様々なタイプの所得の大きさは明らかに異なる。異なる所得のグループを区別するために、十分位の概念を用いるのが有効である。表1の分類のうち第1十分位はD1と表される。これは、最も低い所得の世帯である一〇％を一つにまとめたものである。第2十分位はD2で表され、それはD1に続く一〇％を示している。このようにして、D10と表される第10十分位まで続く。この最後のものは、最も富裕な世帯に当たる一〇％を表す。以上に述べたことをきめ細かにするため、我々は同時に百分位の概念も用いることにしよう。第1百分位は、最も貧しい人々に相当する一％を一つにまとめたものである。そしてこれは第100百分位まで続く。これらの概念が、人口の部分群を規定することになる。すなわち、二〇〇〇年のフランスのケースに関して、二四〇〇万の世帯を十分位により、二四万の世帯を百分位により部分群に分ける。こうした部分群の中で、例えば平均所得を測定できる。したがってそれは、全体を二つの所得グループに分けるような、所得の境界値の概念と混同してはならない。後者の概念はＰという文字を使って表される。例えばＰ10は次のような所得の上限を表す。その所得以下に全体の一〇％に相当する世帯がある。Ｐ90はまた、次のような所得の上限を表す。すなわち、その所得以下に九〇％に相当する世帯がある。このようにして所得分布が連続的に規定される。表１に関して、Ｐ90－Ｐ95は次のような世帯全体を示す。それは百分位の九〇番目の上限と百分位の九五番目の上限の間に位置する世帯である。これは、第10十分位の初めの半分を表す。そこでＰ95－Ｐ100は、第10十分位の次の半分を示す。つまり、それは百分位のトップ５に入る所得を含む。

表１は次のことを示している。Ｄ１の世帯は基本的に低い所得の年金生活者と失業者である。かれらが受け取る賃金は平均で、かれらの所得の一八％以下を表す。これに対し、約八〇％は、社会的所得から成る。全所得に占める賃金の割合は、所得と共に増える。これに反して年金生活者や失業者は、そのことをますます果たせなくなってしまう。そうした賃金と所得が増大する中で、全体の五％に相当する最も富裕な世帯（Ｐ95－Ｐ100）に関しては、賃金の割合は再びわずかに下落した。この後者の世帯の中で、所得の大きな部分は資産収益から成る。それはとくに賃金ではない就業所得である。こうした非賃金就業所得は、労働所得と資本所得の間の中間的な性質を持つ。なぜなら、それらは農業労働、医療労働、並びに商業労働の報酬と、そうした労働を行う人々によって投資される資本の報酬とを同時に示すからである。しかし、賃金の所得は、非常に裕福な世帯の全所得の

うちで極めて大きな割合を表している。最も富裕な世帯に相当する五％の世帯は、資産収益よりもいっそう多くの賃金を受け取っている。この点は、どのような推計をとってもそうである。そこで、賃金が大半を占めるのを止めるには、所得のヒエラルキーにおいて、いっそう高い地位までのぼらねばならない［Piketty, 2001］。

## 賃金の不平等

賃金は、世帯の所得のうちで昔から最も大きな源泉であるが、それはいかなる分布を示しているであろうか。表2は、二〇〇〇年におけるフランスの民間セクターのフルタイム賃金労働者、すなわち約一二七〇万人の間で存在する賃金の不平等を描いている。

それほど高くない報酬を得る賃金労働者に相当する一〇％は、まさに最低賃金（ＳＭＩＣ）あたりの賃金を支払われている。つまり、その平均賃金は二〇〇〇年にＤ１に関してネットで八九〇ユーロである。メディアン（中央値）の賃金は、その数値の下に全体の五〇％に相当する賃金労働者（Ｐ50と称される）の賃金が属するものとして規定され、それは一四〇〇ユーロである。これは、賃金の第５十分位の平均賃金である一三一〇ユーロを上回っている。なぜなら、第５十分位は、Ｐ40とＰ50の間に見出せる賃金労働者で成り立っているからである。それは、とくに平均賃金以下である。二〇〇〇年に平均賃金は一七〇〇ユーロであった。と言うのは、賃金の分布において、上位

表2.
フランスの賃金の不平等：2000年

| | ユーロ建て月額賃金 | | |
|---|---|---|---|
| 平均 | 1,700 | | |
| D1 | 890 | 900 | P10 |
| D2 | 1,000 | | |
| D3 | 1,110 | | |
| D4 | 1,210 | | |
| D5 | 1,310 | 1,400 | P50 |
| D6 | 1,450 | | |
| D7 | 1,620 | | |
| D8 | 1,860 | | |
| D9 | 2,340 | 2,720 | P90 |
| D10 | 4,030 | | |

解説：「D1」は、最も低い賃金を支払われている賃金労働者に相当する10％分を表す。「D2」はそれに続く10％分を表し、このようにして連続的に表される。P10は、D1とD2を分ける賃金の境界値を、また「P50」は、D5とD6を分ける賃金の境界値を、「P90」は、D9とD10を分ける賃金の境界値である。最も低い賃金を支払われている賃金労働者に相当する10％分は、月額で最大900ユーロ、また平均で890ユーロを稼いでいる。これに対して、最も高い賃金を支払われている10％分は、最低でも2,720ユーロ、また平均で4,030ユーロを稼いでいる。
注：特別手当て（ボーナス）以外の月額賃金は、民間部門におけるフルタイムの賃金労働者に関して、社会保険料と一般社会保障負担税（CSG）／社会保障債務返済（RDS）を差し引いたネットのものである。
出所：DADS, INSEE〔2002, p.10〕

半分に当たる部分がつねに下位半分に当たる部分よりもいっそう多くの差をつけているからである。その結果、非常に高い賃金はつねに、メディアンの賃金を超えて平均賃金を引き上げている。さらに、最も多く支払われている賃金労働者に相当する一〇％の人はまさに、月に少なくとも二七〇〇ユーロを稼ぐ。かれらの平均賃金は四〇三〇ユーロである。つまり、これはそれ以下の一〇％に相当する賃金労働者の平均賃金（二三四〇ユーロ）の約二倍にのぼる。

賃金の全体的な不平等を表す実際の指標は、P90とP10の間、すなわち第10十分位の下限と第1十分位の上限との間の関係を表す。二〇〇〇年のフランスにおける賃金の不平等の場合、このP90／P10の指標は、二七二〇／九〇〇、つまり三・〇となる。最も高く支払われる一〇％の部分に入るためには、最も低く支払われる一〇％の部分よりも少なくとも三倍稼ぐ必要がある。この指標を、D10とD1の間の関係、すなわち第10十分位の平均賃金と第1十分位の平均賃金の間の関係と混同してはならない。後者の関係は、規定により両者の差をつねにいっそう拡大させる。それは、ここでは四〇三〇対八九〇、つまり四・五となる。フランスで最も多く支払われる一〇％の部分は、最も低く支払われる一〇％の部分よりも平均で四・五倍以上を示す。表2によって同様に、最も高く支払われる一〇％に相当する部分が受け取る賃金総額の全体を測定できる。D10の平均賃金は、全体の平均賃金よりも二・三七倍（四〇三〇／一七〇〇＝二・三七）上回っている。またD10の賃金労働者は、規定により賃金労働者全体の一〇％を表す。それゆえ以上のことは、かれらが全体の賃金総額の二三・七％を受け取ることを示している。

その他の指標も同様に用いられる。それは、所得分布全体の不平等を考慮するためであり、たんに十分位の両極端の値の差を考慮するためではない。それは例えば、ジニ（Gini）係数[訳注]、あるいはタイル（Theil）やアトキンソン（Atkinson）の指標のようなものである［Morrison, 1996, p.81-86］。し

訳注――ジニ係数は、イタリアの統計学者ジニが考案したもので、社会の所得分布の不平等を測る指標である。完全平等のとき、それは最小値〇で、完全不平等のとき、それは最大値一となる。

かし、十分位間の指標の種類、すなわちP90／P10、D10／D1、P80／P20などは、非常に古くから最も単純で最も直観的な指標である。P90／P10の指標は数多くの国にとって、比較的信頼度の高い仕方で利用できるというメリットを持っている。それゆえこれは、本章でしばしば用いられることになる。

賃金の不平等に関して、より完全なビジョンを持つためには、公共セクター（国家、地方自治体、公共企業）の賃金を考慮しなければならないであろう。フランスで、公共セクターのフルタイム賃金労働者は四一〇万人を数える。かれらの平均賃金は、民間セクターのそれをわずかに上回っている。そして、公的な賃金の散らばり具合は、民間の場合よりも明らかに小さい。例えば国家公務員において、P90／P10の格差は二・六である［INSEE, 1996d, p.55］。

## 国際比較

このような、P10とP90の間の格差が約三倍ということは、すべての国で現れるような賃金の不平等の典型であろうか。表3は、一九九〇年におけるOECDの一四ヵ国に関するP90／P10の格差の数値を示している。

OECDの提供する数値によれば、フランスでの賃金格差は三・一に等しかったことがわかる。この数値は、一方でドイツと北欧諸国の数値と、他方でアングロ・サクソン諸国の数値との間の平均的な値を表している。前者の地域における格差は、一般に二・五ほどの値である。それはノル

表3.
OECD諸国における賃金の不平等：1990年（P90/P10の比率で測られたもの）

| | | | |
|---|---|---|---|
| ノルウェー | 2.0 | ポルトガル | 2.7 |
| スウェーデン | 2.1 | 日本 | 2.8 |
| デンマーク | 2.2 | フランス | 3.1 |
| オランダ | 2.3 | イギリス | 3.4 |
| ベルギー | 2.3 | オーストリア | 3.5 |
| イタリア | 2.4 | カナダ | 4.4 |
| ドイツ | 2,5 | 米国 | 4.5 |

解説：ドイツでは、最も高い賃金が支払われている10％分に属するために、最も低い賃金が支払われている10％分に属する賃金労働者は2.5倍だけより多く稼がなければならない。
出所：OCDE［1993, p.170-173］；米国：Katz et al.［1995, fig.1］

ウェーでは二・〇、スウェーデンでは二・一、ならびにデンマークでは二・二まで低くなる。他方でアングロ・サクソン諸国の間では、このP90／P10の間の格差はイギリスで三・四、カナダで四・四、ならびに米国で四・五である。表3の数値はこれらの諸国全体に関して、たんにフルタイムの賃金労働者に関連するものにすぎない。詳細を正確に知ることが重要である。と言うのは、パートタイムの賃金労働者、すなわちフランスで二〇〇〇年に三一〇万人にのぼるそうした労働者を考慮することは、システマチックにP90／P10の格差をより押し上げるからである。例えばOECDの数値は、とくに米国のケースでは、フルタイムとパートタイムの中間的な賃金労働者、あるいはパートタイムの賃金労働者をすべてまとめている。その数値は一九九〇年にP90／P10の格差を五・五と記している。しかし、この格差はフルタイムの賃金労働者のみを考えれば四・五にすぎない［Katz et al., 1995, fig.1；Lefranc, 1997, tabl.1］。この点は、OECDが米国以外のすべての諸国について計測しているものと同じである［OCDE, 1993, p.173］。したがってP90／P10の賃金格差は、まさしく約二～二・五から四・

五までもの広がりを示している。この格差は、非常に似たような発展水準にある諸国に関しては、それだけでもかなり大きなものである。

## 所得の不平等

賃金労働者間のこうした賃金の不平等は、世帯間の所得の不平等という点にいかに移し替えられるか。この操作は複雑である。と言うのも、そこには自営業者（二〇〇〇年にフランスで三〇〇万人）の非賃金就業所得、社会的所得と社会的資金移転、ならびに資産収益を同時に付け加えねばならないからである。さらに世帯を形成するために、賃金労働者、非賃金労働者、ならびにかれらの子供たちをグループとして一つにまとめなければならない。表4は二〇〇〇年のフランスに関して、それらの操作の結果を示している。

フランスに居住する世帯の月平均所得は二二八〇ユーロである。しかし、一〇%に相当する世帯の可処分所得は七九〇ユーロ以下である。他方で、もう一つの一〇%に相当する世帯は、四〇九〇ユーロ以上稼いでいる。つまり、P90／P10の格差は五・二になる。これと比べ、賃金に関してはP90／P10の格差は三・〇を表している。全体の五%に相当する最も裕福な世帯はまさに、五一〇〇ユーロ以上稼ぐ。かれらの所得は、平均で月七二七〇ユーロである。

世帯間の所得の不平等が、賃金労働者間の賃金の不平等よりもいっそう大きくなるという現象

**表4.**
**フランスの所得の不平等：2000年**

| | ユーロ建て月額所得 | | |
|---|---|---|---|
| 平均 | 2,280 | | |
| D1 | 540 | 790 | P10 |
| D2 | 930 | 1,070 | P20 |
| D3 | 1,190 | 1,330 | P30 |
| D4 | 1,480 | 1,610 | P40 |
| D5 | 1,760 | 1,920 | P50 |
| D6 | 2,080 | 2,240 | P60 |
| D7 | 2,430 | 2,630 | P70 |
| D8 | 2,880 | 3,150 | P80 |
| D9 | 3,570 | 4,090 | P90 |
| P90-P95 | 4,520 | 5,100 | P95 |
| P95-P100 | 7,270 | | |

解説：表1と表2を参照。最も貧しい家計に相当する10%は、月に790ユーロ以下の所得、また平均で540ユーロの所得を得る。；最も富裕な家計に相当する5%は、5100ユーロ以上の所得、また平均で7300ユーロの所得を得る。
注：12回に分けられる年収は、賃金、自営業所得、年金、資金移転、ならびに資産収益から成る。これらの所得は、社会保険料と一般社会保障負担税（CSG）／社会保障債務返済（RDS）を差し引いたネットのものであるが、その他の直接税（所得税、住居税）を差し引いたものではない。
出所：INSEEのアンケート「2000年の家計」（筆者が計算したもの）

は、非常に一般的に見られるものである。この現象は二〇〇〇年のフランスの場合、はるかに悪化している。これは、雇用のない世帯が数多く存在することで生じた。ところが、このことは一般に他の要因で説かれるのである。

第一に、非賃金就業所得、およびとくに資産収益は、賃金よりもはるかに不平等に分布されている。典型的に見られるように、全体の一〇%に相当する最も富裕な世帯が受け取る資産収益の割合は、全世帯が受け取るそれの五〇%ほどを示す。それはさらに、一〇%に相当する最も富裕な人々が所有する全資産の割合と全く同じである。他方で、最も多い報酬を得る全体の一〇%に相当する賃金労働者が受け取る総賃金の割合は、国によって異なるが二〇%と三〇%の間に位置づけられる（フランスでは二〇〇〇年に二三・七%）。ところが、所得全体に占める資産収益の割合はわずかである。それだから、全体の一〇%に相当する最も富裕な世帯が受け取る所得の割合は、二〇〇〇年におけるフランスの世帯の全所得のうち、たった二六%にすぎない。このような、資産の非常に大きな格差は、賃金や所得の不平等よりもはるかに大きい。そのうえこの格差は、いっそうよく知られていない。資産の不平等は、たんに現在や過去の所得の不平等だけで説き明かされるものではない。この点はわかっている。ただ、これらの所得が資産を成すことは可能である。しかし、そうした資産の不平等の大部分――ロリヴィエ（Lollivier）とヴェルジェ（Verger）［1996］によれば、一九九二年のフランスで約半分――はまた、貯蓄と蓄積の行為の違いによっても説かれる。そしてこの行為は、所得の不平等によっては説くことができない。これらの資産と結びついた特有な困難があるため、不平等の計測はふつう、どうして所得と賃金の不平等に限られるのかがわかる。

所得の不平等はつねに、なぜ賃金の不平等よりも明らかにいっそう強く現れるのか。その主な理由はしかし、全く様々である。これは、低い所得の世帯の大半が、わずかな年金を受け取る世帯のためである。そうした世帯は多くの場合、唯一人のメンバーを成すしかない。他方で、高い所得を得る世帯は一般に夫婦であり、かれらには多くの場合、二つの賃金（ダブル・サラリー）と養育すべき子供たちがある。そこで、P90／P10の格差を以下のように計算してみよう。それは、世帯の所得に関してではなく、世帯の規模によって調整された所得に関して計算することである。このことは、生活水準の不平等を計測するためであって、所得の不平等そのものを計測するためではない。こうして、もしもこのような計算を行えば、格差は四・三〜四・四ほどになり、五・二ではないことがわかるであろう。この点は、用いられる調整の規模や同等性のレベルにしたがう［INSEE, 1996b, p.16］。もしも世帯の実際に処分できる所得の不平等に関心があれば、所得税の役割も同じく考慮されねばならない。これは、表4の数値で示されることはない。そうした考慮により、P90／P10の格差は約一〇％減少するであろう。なぜなら、P90に等しい所得、すなわち月に四〇九〇ユーロを得る世帯が支払う所得税は平均で、その所得の一〇％ほどである一方、P10の世帯は所得税を支払わないからである［INSEE, 1995, p.19］。すなわち、かれらは徴税と資金移転の再分配の結果に対して税金を支払う（第四章参照）。このようにして、世帯の規模によって調整された可処分所得によるP90／P10の格差は、三・五〜四の程度に達するであろう。この値は、賃金の不平等のそれをわずかに上回っている。

## 国際比較

このようなフランスにおける三・五〜四というP90／P10の格差は、他国で見られるものといかに比較できるか。残念ながら国際比較は、賃金に関してよりも世帯の所得に関して行うことのほうがはるかに難しい。すべての諸国における同じカテゴリーの所得を正確に考慮することは、多くの場合困難である。しかし、異なる諸国に関して比較可能な数値のベースをつくるという野心的

表5.
OECD諸国における所得の不平等（P90/P10の比率で測られたもの）

| | | | |
|---|---|---|---|
| スウェーデン | 2.7 | イギリス | 3.8 |
| ベルギー | 2.8 | イタリア | 4.0 |
| ノルウェー | 2.9 | カナダ | 4.0 |
| ドイツ | 3.0 | 米国 | 5.9 |
| フランス | 3.5 | | |

解説：スウェーデンでは、最も裕福な10%に属するためには、最も貧しい10%に属する人は、2.7倍だけより多く稼がなければならない。
注：世帯の規模で調整された可処分所得に対するP90/P10の比率が問題とされる［Atkinson et al., 1995］。計上年次：1984年（ドイツ、フランス）、1985年（オーストラリア）、1986年（米国、イタリア、ノルウェー、イギリス）、1987年（カナダ、スウェーデン）、1988年（ベルギー）。
出所：LIS, Atkinson, Rainwater et Smeeding［1995, p.40］

なプロジェクトを実現するために、「ルクセンブルク所得研究（Luxembourg income study, LIS）」という所得の不平等に関する国際的研究が一九九五年に公表された。これは、OECDの求めに応じたものである［Atkinson et al., 1995］。

表5によるP90／P10の格差は、可処分所得の格差、すなわち租税と資金移転をいったん考慮した後に、世帯の規模で調整した所得の格差を表している。それだから、フランスでは三・五という格差が認められるように思われる。これは、表4におけるような五・二ではもはやない。これには、OECDの研究が一九八四年の租税に基づく数値を利用しており、二〇〇〇年の「家計」というアンケートの数値を用いていないという事実が付け加わる。賃金の不平等に関するものと同じような国際的なコントラストを見ることができる。北欧諸国（ドイツ、ベルギー、スウェーデン、ノルウェー）では、賃金格差は二～二・五ほどであった。これらの国は、所得格差が約二・五～三であることによって特徴づけられる。他方でアングロ・サクソン諸国では、賃金格差が三・五～四・五ほどであった。これらの国

では、所得格差が四～五・五ほどである。同時に、米国では五・九という新記録の数値が見られた。フランスは改めて、中間的なポジションに位置づけられる。

先進諸国以外で現に見られる不平等に関して利用できる指標がいかなるものであっても、それらと以上の数値を比較することは極めて難しい。しかし、大きな多様性を持った状況がまさに示されているように思われる。南米諸国は、最も不平等な先進諸国を上回るほどの不平等をはっきりと示していることで他と区別される。他方で、ほとんどのアジア諸国は一般に、より発展の遅れているアフリカ諸国と同じく、所得がそれほど不平等ではない先進諸国の不平等と等しいか、もしくはそれ以下の不平等によって特徴づけられる［Morrisson, 1996, p.145-172］。同様に、共産主義諸国において現にある不平等と比較することも難しい。そこでは、非常に多くの優位性が生活上の面で存在するからである。そうした優位性を貨幣の点で量的に表すことは困難である。利用可能な指標を見ると、資本主義諸国の平均値に匹敵するほどの実質所得の格差、および一般的には資本主義諸国における最も小さな格差を上回る程度の格差が示されているように思われる［ibid., p.140］。

## 歴史的かつ地理的な不平等

これらの賃金あるいは所得の格差、すなわち三倍、もしくは四倍というような格差は、一〇％に相当する最も貧しい人々の上限と、一〇％に相当する最も富裕な人々の下限との間で見られるもの

表6.
フランスの過去の不平等：1870-1994年

| | 労働者 | 従業員 | 中流階級 | 上流階級 |
|---|---|---|---|---|
| 1870 | 960 | | | 4,360 |
| 1910 | 1,760 | | | 6,820 |
| 1950 | 2,200 | 2,615 | 3,740 | 7,330 |
| 1994 | 7,250 | 7,180 | 10,740 | 20,820 |

出所：1950年と1994年に関しては、DADS, INSEE［1996a, p.44, 56］。1870年と1910年の労働者の賃金に関しては、L'homme［1968, p.46］。1910-1950年の記録は、賃金に関してはクチンスキー（Kuczynski）のシリーズから、また価格に関してはフランス総合統計（SGF）から計上された（INSEE［1994, p.142, 152］）。労働者と上流階級の間の賃金格差は、1910年に3.9であり、1870年に4.5である。これらは、一般労働者、職能のある労働者、ならびにモリソン（Morrisson）の上流階級の間の格差から計算された［1991, p.154］。

である。そうした人々は、同じ国で同じ時に生活している。そこでこれらの格差を、一九九〇年の先進諸国と一九〇〇年の先進諸国を区別して見た不平等、あるいは一九九〇年の先進諸国と同年のインドを区別して見た不平等と比較してみれば、それは取るに足らないものであろうか。表6は、一八七〇年から一九九四年までのフランスにおける労働者と上級の上流階級（カードル）の平均的な購買力を示している。これは、一九九四年時のフラン建てで計上されたもの、すなわち生活コストの変化を考慮したものである。

これらの数値は、明らかに注意を要する。時間を遡るにつれて、生活コストの指標を合成的に示すというアイデアそのものが問われるのである。この点は、消費の様式が変化した限りでそうである。しかし、数値の概算は重要な意味を持つと考えられる。一八七〇年から一九九四年までに労働者の購買力は約八倍増大した。また、この一世紀間の資本主義で生活水準がめざましく進展したことは明らかに、すべての先進諸国において同様であった。例えば、米国での労働者の単位時間当たり賃金は、一八七〇年から一九九〇年までに一一倍も増えた。つまり、それは年に平均で約二％の増大を示す[Duménil et Lévy, 1996, chap.15]。この点は、フランスにおけるそれにほぼ匹敵する。ただし、それは年間労働時間の減少を考慮した場合である。

このような、一八七〇年の先進国と一九九〇年の先進国の間で見られる一〇倍の格差は、一九九〇年における中国もしくはインドの平均所得と同年の先進国のそれとの間の格差に等しいか、あるいはそれよりわずかに小さい。この点は、購買力平価（訳注）に関する利用可能な最良の推計にしたがえばそうである[Drèze et Sen, 1995, p.213]。一人当たり国民所得の点での格差は多くの場合、四倍ないし五倍ほど大きいが、それは実際には大した意味をもたない。と言うのも、それらは先進国通貨に基づく実効為替相場で説かれるからである。これは、購買力の実質的な格差を測定するうえで非常にまずい。最富裕国の平均的な生活水準と最貧国のそれとの間の、一〇倍の格差は疑いなく、現実により近い。

要約すれば、次のように言うことができる。同じ国の一〇％に相当する最も富裕な人々と、一〇％に相当する最も貧しい人々との間の不平等は、P90／P10の間の格差によれば三～四ほどと測定される。これは、一九世紀末と二〇世紀末の間の期間における生活水準の不平等よりも、また富裕

訳注――G・カッセル（Cassel）の提唱した購買力平価は、為替相場が、その国の貨幣の購買力（物価）を反映するものとみなしたうえで、それと相手国の貨幣の購買力を対比したものである。

国と貧困国の間の地理的空間における不平等よりも、約二倍から三倍ほど小さい。これらの不平等の二つの形態はそれゆえ、比較できないものではない。この点は、たとえ一つのものが他のものよりも明らかに上回っているとしてもそうである。

## 不平等の歴史的変化

このような、同じ国の富裕者と貧困者の間の、三～四倍という格差、あるいは富裕国と貧困国の間の一〇倍という格差はそのままか、また拡大したか、もしくは縮小したか。それはどのように促されたであろうか。

マルクス（Marx）と一九世紀の社会主義理論家に関して言えば、たとえかれらが、以上のような仕方で不平等を量的に測定しなくても、かれらの答えはほぼ疑いなく次のようなものである。資本主義システムのロジックは、二つの対立した社会階級、すなわちプロレタリアートと資本家の間の不平等を止むことなく大きくする。しかもこのことは、富裕国と貧困国の間でと同じく、先進工業諸国の内部でもよく現れる。しかし、こうした前提に対しては、現行の社会主義国内においてさえ、非常に早くから異議が唱えられた。しかし、プロレタリアート化のテーゼは、もはや通用しない。バーンスタイン（Bernstein）は、一八九〇年代からこのように書いている。なぜかと言えば、そうしたテーゼと反対に、社会組織が多様化し、かつまた富は社会のますます広い階層に分散しているからである。

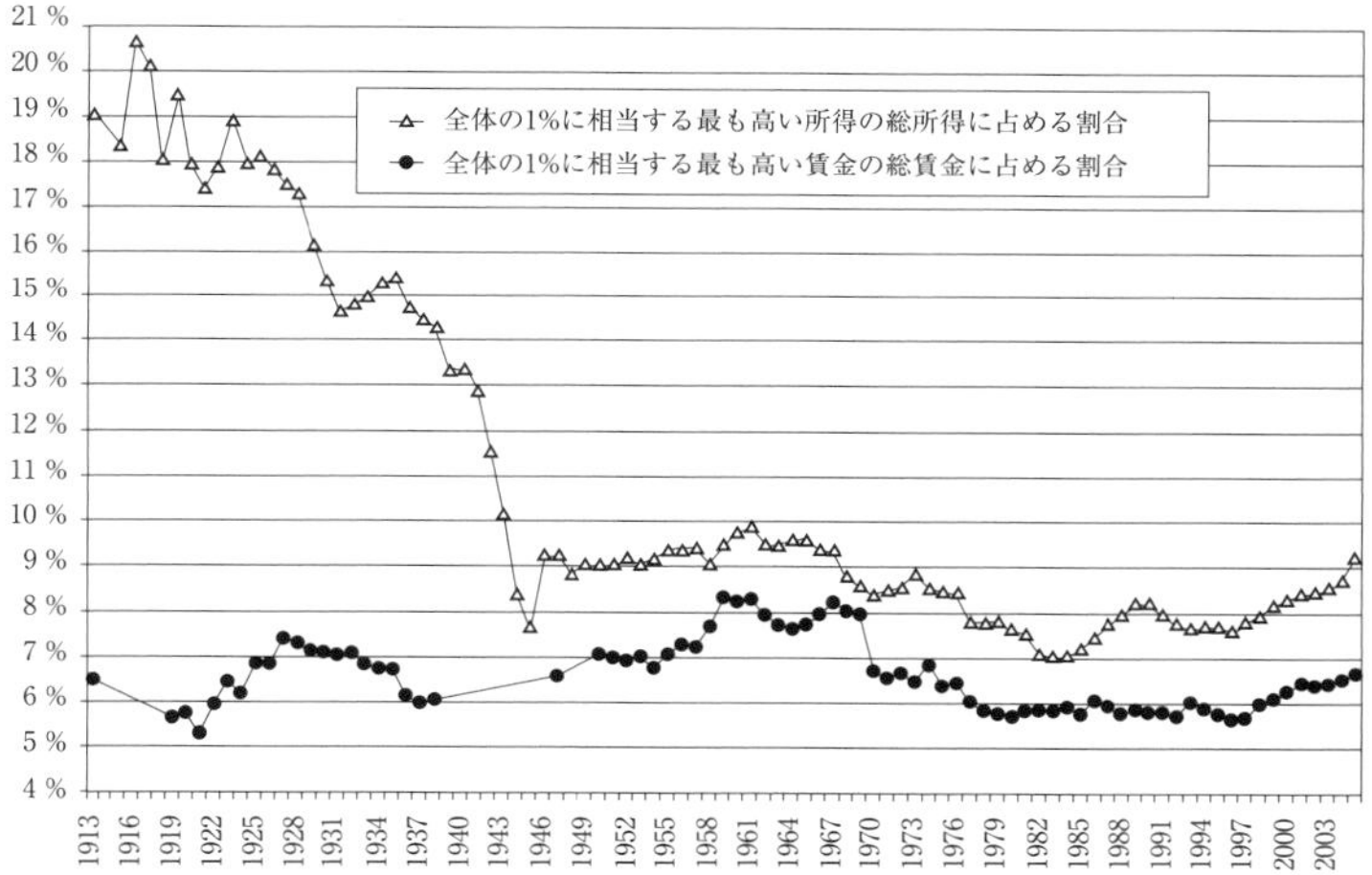


図1.
フランスにおける金利生活者の終焉と賃金のヒエラルキーの安定：1913–2005年
出所：Piketty［2001］、Landais［2007］

しかしながら、一九世紀以降の先進諸国において、賃金と所得の不平等が減少したことは、第二次世界大戦後になって初めて真に測定できたのである。それは、何かしらの新たな予想がなされた結果である。その最も有名なのは、クズネッツ（Kuznets）［1955］のものである。クズネッツによれば、不平等はどこでも、発展のプロセスの中で、逆U字曲線を描くように導かれる。これは、最初の段階で不平等を大きくする。それは、伝統的な農村社会の工業化と都市化が進むときである。次いで安定化の第二段階が現れ、その後に不平等はかなり減少する。このような、一九世紀における不平等の上昇、次に一九世紀後半からの不平等の低下という動きは、イギリスのケース［Williamson, 1985］と米国のケース［Williamson et Lindert,

1980］に関してとくによく研究された。この後者のケースで、例えば一〇％に相当する最も富裕な人々が保有する総資産の全体に占める割合は、一七七〇年頃に約五〇％であったものから、一九世紀末の頃には、約七〇％から八〇％の最大値に達し、その後一九七〇年に再び五〇％ほどの水準を見出す。この水準は、資産の現代的な不平等を典型的に示している。利用可能な資料によれば、同様の現象はすべての先進諸国で起こったことが示唆される。

しかし、フランスと米国に関して行われた最近の研究［Piketty, 2001 ; Piketty et Saez, 2003 ; Landais, 2007］にしたがえば、以上のような二〇世紀後半に見られた不平等の大きな減少は、「生活上の」経済プロセスの結果であることを全く示していない。こうした不平等の減少は唯一、資産の不平等に関連しているにすぎない（賃金のヒエラルキーが長期間で低下する傾向は何も示されていない）。かつまたこの減少は基本的には、資産保有者が一九一四～一九四五年の間に被ったショック（戦争、インフレーション、一九三〇年代の危機）のせいである。富と資本所得の集中が、その後に第一次大戦直前の天文学的レベルで見出されることは決してなかった。二〇世紀を特徴づけた租税革命を実行したことこそが、この点を最も本当らしく説明できる。所得に対する累進税（一九一四年につくられる）、ならびに相続財産に対する累進税（一九一〇年につくられる）の、大きな資産の蓄積と再編に与えるインパクトは、実際に、一九世紀の地代（超過利潤）社会への復帰を防いだように思われる。もしも現代社会が、特別な上流階級であるカードルの社会、すなわち、そこでは分配の大きな部分が主として労働所得で生活している人々によって（それは、主に過去に蓄積された資本所得で生活している人々によってではない）支配されている社会になっているとすれば、それは何よりもまず、歴史的な事情と特別な組織によるものである。歴史の終わりが到来しているとは考えられない。クズネッツの法則は、特殊で逆戻り可能な歴史の産物にすぎない。

## 不確実性に向かう歴史の一大法則

しかし、一九八〇年代に、とくに次のような宣言があった。それは、不平等が一九七〇年代以降、先進諸国で再び増大し始めたというものであった。これは、発展と不平等を否応なく結びつけている逆U字曲線という考えに対して、到命的な一撃を与えた。このクズネッツ曲線の反転は、不平等の変化に関する歴史の一大法則の終末を示している。この点は少なくとも、ある一定の時期についてそう言える。そしてこのことは、複雑なメカニズムに関する地味で綿密な分析を促した。こうしたメカニズムこそが、不平等を異なる時期で増大もしくは減少させるのである。

表7は、一九七〇年以降の先進諸国における賃金の不平等の変化を表している。この不平等は、実際には米国とイギリスでしか真に増大しなかった。しかし、すべての諸国で賃金の不平等は、一九八〇年代の間に、最低限減少することはなかった。この点は、先進諸国を、それほど発展していない国から区別させることになる。後者の国では、こうした傾向を何も見出すことができなかった[Davis, 1992]。米国では、一〇％に相当する、報酬のそれほどよくない人々と、一〇％に相当する、報酬のよい人々との間のＰ90／Ｐ10の格差は、一九七〇年と一九八〇年の間に約二〇％増大し、次

表 7.
1970 年以降における賃金の不平等の増大（P90/P10 の比率で測られたもの）

| | 1970 | 1980 | 1990 |
|---|---|---|---|
| ドイツ | | 2.5 | 2.5 |
| 米国 | 3.2 | 3.8 | 4.5 |
| フランス | 3.7 | 3.2 | 3.2 |
| イタリア | | 2.3 | 2.5 |
| 日本 | | 2.5 | 2.8 |
| イギリス | 2.5 | 2.6 | 3.3 |
| スウェーデン | 2.1 | 2.0 | 2.1 |

解説：米国では、最も高い賃金が支払われている賃金労働者に相当する 10%に属すために、最も低い賃金が支払われている賃金労働者に相当する 10%は、1970 年に 3.2 倍だけより多く稼がなければならない。これに対してその比率は 1990 年に 4.5 倍である。
出所：ドイツ、イタリア、日本、スウェーデン：OCDE［1993, p.170-173］、フランス：INSEE［1996a, p.48］、米国、イギリス：Katz, et al.［1995, fig.1］

いで一九八〇年と一九九〇年の間に、その差は新たに約二〇％増えた。つまり、同期間の全体で格差は、合わせて五〇％ほど拡大したのである。賃金の不平等という歪みが通常ゆったりしたテンポで進む点を考えれば、これはかなり大きなものである。このことにより、米国は再び両大戦間期における賃金不平等の水準に戻されてしまった［Goldin et Margo, 1992］。こうした変化の論理的帰結として、資産の不平等は一九七〇年まで減少したものの、それは再び増大する傾向を表したように思われる［Wolff, 1992］。

イギリスのケースは非常に異なる。と言うのも、そこでは賃金の不平等が一九七〇年に非常にわずかであったからである。それは、スカンジナビア諸国の水準に非常に近かった。そして一九七〇年代後半にわずかに増大した後に、P90／P10の格差は一九八〇年から一九九〇年の間で約三〇％拡大した。その結果、一九九〇年代にイギリスは米国と共に、不平等のトップ集団に再び加わったのである。北欧諸国では、不平等は以前の水準を保っている。そこでの

P90／P10の格差はわずかに増大する傾向を表すものの、それは二～二・五ほどを示したままである。フランスのケースは非常に特殊なものである。なぜなら、フランスの賃金の不平等は、一九七〇年に先進国の世界で最も増大したからである。その後それは、一九七〇年代に急速に減少し、次いで一九八〇年と一九九〇年の間に安定する。一方、一九八三～一九八四年以降、それはほんのわずかに増大した。P90／P10の格差は、一九八四年に三・一に達し、それはその後、一九八四～一九八五年の期間に再び三・二に上昇したからである［INSEE, 1996a, p.48］。それゆえ、米国の賃金がフランスの賃金よりもいっそう不平等に分布されたのは、一九七〇年代の期間でしかない。他方で、イギリスは一九八〇年代末と一九九〇年代になって初めて、不平等のランキングで短期間にトップであったフランスを追い抜くほどになる（表7）。またイタリアでは、たとえ出発点での不平等の水準が、それほどはっきりと上昇していなかったとしても、一九七〇～一九九〇年代における賃金の不平等に関するイタリアの歴史は、フランスのそれと非常に似ているように思われる。なぜかと言えば、一九七〇年代と一九八〇年代初めに不平等が急速に減少した後、一九八四年以降にP90／P10の格差は増大し始めたからである［Erickson et Ichino, 1995］。

## 賃金から所得へ

ここでもまた、次の点が見られる。それは、所得の不平等の変化は、賃金の不平等の変化に比べそれほどよく測れないという点である。しかし、「ルクセンブルク所得研究」の数値により、世帯の可処分所得に関する不平等の、Ｐ90／Ｐ10の指標における変化の大きな方向を示すことができる。その際の所得は、世帯の規模で調整されている［Atkinson et al., 1995, p.47］。所得の不平等が増大した諸国は、賃金の不平等も増大した国々である。こうしてＰ90／Ｐ10の比率は、米国で一九七九年と一九八六年の間に四・九から五・九に、またイギリスでは三・五から三・八に変化した。これと逆に、北欧諸国では不平等がそれほど大きくなかった。Ｐ90／Ｐ10の比率は、ノルウェーでは二・八から二・九、スウェーデンでは二・五から二・七に変化している。これは、それらの国の賃金の不平等が少し上向いたことにならっている。同様にフランスでは、Ｐ90／Ｐ10の格差は一九七〇年代に大きく減少した後、一九八〇年代初め以来、三・五に安定したままである。一九九〇年代初め以降、フランスでＰ90／Ｐ10の格差がわずかに拡大する傾向を探ることができる。この点は、たとえその統計的測定が一九九六年に依然として「測定の精度の限界」に十分近かったとしてもそうである［INSEE, 1996b, p.36-37］。したがって、すべての先進諸国において、以前の時期と比べて格差が反転したことは議論の余地がない。所得の不平等は、一九八〇〜一九九〇年の間で、どこでも減少するのを止めた。これは、賃金の不平等にならっている。そして、この所得の不平等は、賃金の不平等が再び上昇する傾向を示した諸国ではっきりと増大したのである。クズネッツ曲線は確かに消滅している。

しかし、所得の不平等の変化をすべて、賃金の不平等の変化に単に機械的に置き換えてはならないであろう。このことは、たとえ後者が明らかに主たる動力として作用していることを認めてもそうである［Gottschalk, 1993］。例えば、一九七〇年から一九九〇年の間の米国における世帯の所得に関する不平等が増大したことの約半分は事実、同世帯のメンバー間における所得の結びつきが強まったことによる。すなわちそれは、世帯の所得の上昇が多くの場合、全体の所得がますます増大したことと結びついていることのためである。他方で、最も貧しい世帯はふつう、子供たちの世話をする独身の女性たちである［Meyer, 1995］。またとくに、先進国の異なる国々は一九七〇年代以降、かれらの徴税と資金移転のシステムに関する累進性を、各々異なった仕方で進めてきた。米国とイギリスが遂行した諸政策は、賃金の不平等の高まりを悪化させる傾向を示した。ところが、これらの政策はそれと反対に、他の諸国に対して大きな混乱を抑えることができたのである。とくに、米国とカナダを比較することは多くの場合、驚くべき事実を示した。両国の労働市場と賃金の不平等は、同じ仕方で変化した。しかし、世帯の所得のＰ90／Ｐ10の関係を示す比率は、カナダで約四に安定していたのに対し、米国では四・九から五・九に移行した［Atkinson et al., 1995, p.47］。このことを説き明かす要因は複雑である。しかしそうした現象の大部分は、かれらの実行する財政政策と社会政策が異なっていることにより説明できる［Card et Freeman, 1993］。

## 雇用に対する不平等

より一般的には、一九七〇年代以降のフランスのような国における不平等の進展を、最も貧しい一〇％の人々と最も富裕な一〇％の人々との間の所得と賃金の格差によって要約することは、その格差がほぼ一定である以上、明らかに誤りであろう。もしも、世帯間の可処分所得の格差が比較的安定していることを、数多くの国、とくにフランスにおいて確認できたとすれば、それは唯一、社会的資金移転が、失業者数の増大で就業所得が損失した点をほぼ埋め合わせるのに成功したことによる。このような資金移転（失業手当て、社会復帰最低所得保障など）がなければ、所得の不平等の進展はアングロ・サクソン諸国と同じであったであろう。この点は、賃金の格差が安定していたにもかかわらずそうである。就業年齢に当たる人々の間の労働所得の不平等、それは実際に雇用されている賃金労働者の間の不平等ではないが、そうした不平等は一九七〇年代末以降にフランスでかなり高まった。この発展のテンポは、アングロ・サクソン諸国のそれに匹敵する［Bourguignon et Martinez, 1996］。雇用に対する、あるいは賃金に対する不平等がいかなる形をとったとしても、労働所得の実質的な不平等はしたがって一九七〇年代以降に、すべての先進諸国で増大したのである。

さらに、こうした現象が賃金に対する不平等の増大の形をとるアングロ・サクソン諸国を、その現象が雇用に対する不平等の増大の形をとる他の諸国と、真にはっきり分けることはできるであろうか。公式の数値は、以上のようなことを考えさせるであろう。それらの数値によれば、一九九六年の失業率は米国で五・六％、イギリスで七・五％を示しているからである。しかも、これらの比率は急速に低下する傾向を表している。これに対して、失業率はドイツで一〇・三％、イタリアで一二・一％、ならびにフランスで一二・二％（つまり約二五〇〇万人の就業人口に対して失業者は三〇〇万人である。この就業人口は、賃金労働者、自営業者、ならびに失業者を含んでいる）［OCDE, 1996,

A24]。一九九〇年代末の強い成長は、すべての諸国で失業率を明らかに低下させた。この点は、諸国間の違いを真に問題にしなくてもそうである。二〇〇〇年に失業率は米国で四%、フランスで一〇%を示している［OCDE, 2000］。しかし、スカンジナビア諸国のケースは、こうした分類から外れているように思われる。と言うのも、そこでは賃金の不平等は大して増大しなかったし、また失業率もそれほどではないままだからである（スウェーデンの失業率は一九九六年に七・六%、二〇〇〇年に六%）。

こうした類いの比較に関する問題は、「失業」の概念が、雇用不足という現象の一部分を測るものでしかないという点にある。例えば、我々は米国で次のような事実を知ることができる。それは、一九七〇年代初め以来、労働市場と、それほどの職能がない人々の公式な就業人口が大きく収縮していることである。そしてこの変化は、他の人口グループの変化と比較してみれば、低賃金の雇用機会の崩落によって完全に理解できる［Juhn et al., 1991 ; Topel, 1993］。就業年齢に当たる人々の数多くは、こうして労働市場から排除されてしまう。この点は、たとえかれらが失業統計に入り込むことがなくてもそうである。このような変化の極端な例は、刑務所にいる人々の驚くべき増大に見られる。一九九五年に米国で、一五〇万人の人々が刑務所に拘置されている。一方、この数は一九八〇年には五〇万人であった。そして二〇〇〇年には実に二四〇万人もの人々が投獄されると見込まれている［Freeman, 1996］。このような雇用不足の側面は、失業に関する公の測定では無視されている。しかし、それは純粋に些末なエピソードであるとは考えられない。なぜかと言えば、刑務所にいる一五〇万人の人々はそれ自体で、一九九五年に米国における就業人口の約一・五％も表しているからである。他方で、フランスの一九九五年に拘置されている六万人は、就業人口の〇・三％以下である。確かに、一九七〇年以降の米国における軽犯罪者の増大を、たんに賃金の不平等の進展でもって完全に説き明かしたいという思いは、思慮に欠くものであろう。しかし、一九七〇年の米国においてよりも、一九九五年の米国においてプロレタリアを守るモデルの存在を見ることが、より難しいことは次の点を見ると非常にはっきりとしている。それは、第10百分位の賃金が、第90百分位のそれと比べて約五〇％崩落した点である。

それゆえ我々は、以下のように結論する誘惑にかられるであろう。それは、真の雇用不足は、失業で影響を受けた欧州諸国よりも、米国で実際に進展したという点である。しかし、この点は非常に誇張されたものとなるであろう。と言うのも、このような隠された雇用不足という現象は残念ながら、米国のケースに限られているわけではないからである。欧州では、これは別の形をとっている。それは、人目を引くほどのものではないが、多くの場合いっそう大規模に現れている。このことは例えば、次のような事実、すなわち一九九六年にフランスで、就業年齢に相当する人々のうち、たった六七％、またドイツでも六八％、そしてイタリアでは六〇％の人しか就業人口としては勘定されていないという事実から想定できる。これに対し、その数値は米国で七七％以上、ならびにイギリスでは七五％であった［OCDE, 1996, A22］。この指標、すなわち労働市場への参入率が、完璧な数値であるとは考えられない。なぜなら、それは、女性の参入や予想される年金生活者のような複雑な現象を引き起こすからである。しかし、このことは一定の現実を表している。例えば、次のようなことはよくわかる。それは、フランスで一人の失業者による失業の数値を低めるために、一人以上の雇用、多くの場合二人ほどの雇用をつくり出さなければならないことである。と言うのも、つくり出される雇用の一部が実際には、就業人口としては勘定されなかった人々によって占められているからである。しかし、そうした人々こそ、ぴったりとした雇用が現れれば労働市場に参入するつもりがある。パートタイム労働に従事している人々、すなわちパートタイマーとして働いているが、より多く働きたいことを告げている賃金労働者の数は、フランスでも非常に多くなっている[CSERC, 1996, p.50]。これらの不確実性は、現代の根本的な不平等、つまり雇用に対する不平等を正しく測定する能力が限られていることを示すものである。

# 第二章　資本／労働の不平等

産業革命以降、とりわけカール・マルクス（Karl Marx）（一八一八～一八八三）の著作以降、社会的不平等と再分配の問題はまず、資本と労働、利潤と賃金、雇用者と被雇用者の対立という点に据えられた。不平等はこうして、次のような二種類の人々の間の対立として描かれた。それは、資本すなわち生産手段を所有する人々、それゆえその収益を受け取る人々と、資本を所有しないために労働所得で済まさざるをえない人々との間の対立を表している。不平等の根源はしたがって、資本所有の不平等な分布になるであろう。こうした根本的な不平等に関する二つの用語は、資本家と労働者である。かれらはまず、同質のグループとみなされる。この点は、かれらが対立するにしてもそうである。労働所得の不平等は二義的なものとみなされる。このような資本／労働の純粋な不平等としての不平等という考えは長い間、再分配の案と仕方に対し、依然として深いインパクトを与えてきたし、また今後も与えるであろう。このことは、資本の私的所有を廃止するまでには至らなかった国における場合も含めてそうである。

資本／労働の不平等に対して特別な注意を払うことは、驚くべきことではない。実際に次のような単純な事実、すなわち資本が、生み出される収益の分け前を確実に受け取るという事実は、社会的公正の基本原則に反するように思われる。そこで、この点は直ちに再分配の問題を提起することになる。資本を譲り受ける諸個人は、労働力しか譲り受けない諸個人には使うことが許されない収益を、どうして自由に使えるのか。市場の非効率性は限られているので、このようなことは、資本所得を労働所得に向けて純粋に再分配することを正しいとみなすのに十分な根拠となる。この点は、序論で紹介された純粋な再分配と、効率的な再分配とを区別することにしたがうものである。こうした資本の労働に向けた純粋な再分配の規模と手段の問題をいかに考えたらよいか。我々はまた、このような資本と労働の間における、所得の再分配と割当てに関する歴史から何を学ぶべきか。

資本／労働の再分配の問題はしかしながら、たんに純粋な社会的公正を考慮することだけで提起されるものではない。諸個人の間の、かつまた諸国間の資本の再分配に関する不平等は、ただたんに公正でないばかりでなく、効率的でもない。なぜかと言えば、そうした不平等は時が経つ中で再生産されると共に、より貧しい人々が投資し、またより裕福な人々に追いつく能力を制限してしまうからである。この場合に、いかなる効率的な再分配の手段によって、こうした不平等と闘うことができるか。

## 総所得に占める資本の割合

問われる問題は単純のように思われる。国民的生産が一定の資本量（機械、設備…）と、一定の労働量（労働時間数）から得られる点を考えると、資本所得（企業と資本の所有者に支払われる利潤と利子）の割合と労働所得（労働者に支払われる賃金）の割合とは、企業の所得全体の中でいかに決定されるか。また、再分配に関する公的な活動は、この分配をいかに変えることができるか。こうした問題、およびとくに資本と労働の価格のシステムによる割当てで演じられるその役割は、知的かつ政治的なとりわけ激しい対立の元になる。この点は、とくに経済学者の間で見られる。

## 資本／労働の代替の問題

まず、資本と労働の利用可能な一定量から国民的生産が得られるようにする技術は、経済学者が固定係数と呼ぶもので性格づけられる。次のように想定してみよう。財一単位を生産するために、資本一単位と労働n単位を正確に用いなければならない。言い換えれば、一定の機械を正しく使えるために、正確にn人の労働者が必要とされる。これは、n人以上でもなければn人以下でもない。

これらの条件を設定すると、資本と労働の間における所得の割当て問題は、純粋に分配の性質を表していることがわかる。単純に、資本と労働から成る二つの生産要素の間で生み出される生産単位の割当てが問題となる。すなわちその割当ては、機械の所有者とn人の労働者の間で行われるものである。これは、生産過程自体からは独立している。市場の力と価格のシステムが、マクロ経済のレベルで、つまり全体として考えられる一国経済のレベルで生産要素の利用を選択するという観点から分配の役割を演じることは何もない。なぜなら、企業が資本と労働の各単位に対して支払う代価がどのようなものであれ、とにかく一単位の財を生産するためには一単位の機械とn人の労働者を利用しなければならないからである。とくに、雇用の総量は固定されている。それは、利用可能な資本のストックによって、すなわち一国経済の生産能力によって完全に決定されてしまう。再分配に関する公的活動が限られているので、資本と労働の間における所得の実際の割当ては、例えば労働組合の交渉力、大きな部分を専有する雇用者の能力、あるいはより一般的に資本家と労働者の間の力関係の現状に依存するであろう。しかし、ここで重要となる基本的な事実は次のような点、すなわち、資本と労働に対して支払われる代価は、生産水準と雇用量に対しては何の結果も生み出さないという点である。資本と労働の間における所得分配はこうして、純粋に分配の争いを引き起こすことになる。

これらの条件の下で、資本／労働の再分配がいかに行われるかを知ることはどうでもよいことである。再分配の手段に関する問題は問われない。企業が各労働者に支払う賃金を増やすことで所得を労働に向けて再分配するのは以下のこと、例えば、法で定められた最低賃金を増大すること、あるいは労働組合の賃金のいっそうの引上げに対する要求を支持すること、あるいはまた、各労働者のための財政資金移転の費用を賄うために、資本に対する課税を引き上げることで（もしくは労働者に対する租税を引き下げることで）、労働に所得を再分配することと完全に同等である。以下の二つの再分配手段、すなわち企業が支払う賃金や利潤の直接的再分配、および租税や資金移転をつうじた財政的再分配という手段は、企業の行う第一次的と言われる分配と直接競合するものではない。

そしてそれらの手段は、完全に同等になる。と言うのも、用いられる資本や労働の量と、生産の全体的水準はとにかく固定されているからである。

確かに企業と資本所有者は、投資を行うと共に資本を蓄積するための、したがって一国経済の将来の生産力を高めるための能力と意欲を保ちたい。この願いは、資本／労働の再分配の大きさを労働者にとって望ましいものとすることに制約を加えるであろう。しかし、こうした異議は、その実践的な影響力はより後に検討されるとしても、それはまさに、全体の所得に占める資本の割合を減少させようとするときに同じく唱えられるものである。このような資本の割合を減少させる試みはまた、直接的再分配ないしは財政的再分配を拠り所としている。なぜかと言えば、資本／労働の割当ては純粋に分配の問題であり、それがいかに行われるかはどうでもよく、唯一その結果が重要となるにすぎないからである。

**資本／労働の代替の概念**　もしも、生産過程に用いられる資本と労働の割合を変えることができるならば、様々に異なる結論が得られるであろう。今、次のように想定してみよう。一単位の資本を使うために、正確にn単位の労働を持つことが必ずしも不可欠ではない。同時に、もしも使用される労働の単位数を増やすのであれば、我々はつねに、少しだけより多くの生産に達することができる。これは次のような事実、すなわち機械によって遂行される一定の仕事が、同じく労働者によっても果たされるという事実のおかげである。より一般的には一定の生産のために、ある企業においてもては、機械によってn人以上の労働者を効率的に用いることができないとしても、一国経済の他の経済セクターにおけるその他の企業が、場合によっては、それほど資本集約的ではないような、あるいはまたより労働集約的な技術を用いることは可能である。例えばサービス・セクターは一般に、工業に比べてより多くの労働とより少ない資本を用いる。かれらはそれで、大きく成長することができる。その結果、まさに一国経済全体で与えられている資本のストックに対し、全体の雇用量は増す。したがって、資本の代わりに労働を用いる可能性、そしてその逆もそうであるが、この可能性は純粋に技術的な機会に限られているのではない。そうした可能性は同様に、とくに全体としての社会に対する、生産と消費の様式に関した構造的転換の機会を判断するものである（八一～八三ページを参照）。

もしも、このような資本と労働の代替の可能性があるならば、資本と労働に関する価格のシステムは重要な資源配分の役割を演じることができる。これは、マクロ経済レベルで用いるこの二つの生産要素の量を決定するためである。そしてこの点は、固定係数を持ったテクノロジーのケースに反している。実際に市場経済の枠組の中で、企業はより多くの労働者を雇うように選択するであろう。このことは、かれらに対してコストをかける以上の収益をもたらす限りにおいて、したがって労働の限界生産性が労働の代価を上回っている限りにおいてそうである。この労働の限界生産性は、労働の追加的な一単位を用いることで得られる追加的な生産として規定される。ただし、それは資本の量は同じままで行われる。また、労働の代価は、企業が追加的な労働者を用いるために支払わねばならないコスト（賃金、社会保険料、特別手当て…）として規定される。
以上のことは、資本に対しても同じようになされる。資本の代価はコスト（資本所有者に対する利子ないし配当金の形での報酬、資本の損耗と維持費など）で測られる。このコストは、企業が資本の追加的な一単位を用いることに対して支払わねばならないものである。同じく、労働集約的なセクターの企業は、もしも労働の代価が資本の代価よりも低ければ、資本集約的なセクターの企業に比べてよりいっそう容易に発展するであろう。なぜなら、消費者の労働集約的な財に対する需要は、その価格が低ければ増大するからである（その逆もまた同様である）。言い換えるならば、市場経済で用いられる資本と労働の量は、したがってとくに生産水準と雇用量は、資本と労働の代価の水準に依存するであろう。それらの代価は、資源配分の役割を演じる。それは、たんなる分配の役割だけではない。

このような、資本と労働の割当てと価格のシステムによって演じられる役割は何かという点に関する考えは、企業がかれらの直面する代価に応じて、自身の用いる資本と労働の量を恒久的に調整するという考えの、それゆえ、とくに生産要素の限界生産性という概念の軸となる。そして、こうした考えは一八七〇年代に、限界主義者と呼ばれる経済学者によって初めてはっきりと導入されたのである。それは、一九世紀のデイヴィッド・リカード（David Ricardo）やカール・マルクスのような古典派の経済学者に反対することで示された。そうした古典派の経済学者は、明示的ではないが、固定係数を持ったテクノロジーの枠組の中で議論した。そこでは、利用可能な資本のストックが、一国経済の生産能力と雇用水準とを完全に決定する。またその際に、資本／労働の割当てはそれゆえ、純粋に分配上の争いとなって現れる。このような、資本／労働の割当てに関する古典派の理論と限界主義者の理論との対立は、とくに一九五〇〜一九六〇年代に再び出現する。そのときに、「二つのケンブリッジによる論争」が見られた。すなわち、(イギリスの) ケンブリッジの経済学者は、この割当ての本質的に分配的な側面と交渉力の役割を強調したのに対して、(米国マサチューセッツの) ケンブリッジの経済学者は、資本と労働の代価の資源配分的な役割という考えを擁護した。この後者はとくに、総生産関数に関するR・ソロー (Solow) の研究による。それは、一国経済全体のレベルで、資本と労働に関する異なる量の代替の可能性を合成して表したものである。

**「直接的」再分配か、あるいは「財政的」再分配か**　このような、資本と労働の間で代替が可能であることによる再分配は、いかなる結果をもたらすであろうか。もしも我々が、企業の各労働者に支払う賃金を増やすことで、したがって労働の代価を増やすことで、資本所得を労働所得に向けて再分配しようと努めるならば、このことは企業と一国経済全体に対して、かれらがより少ない労働とより多くの資本を用いるように導くであろう。その結果、雇用量は減少するであろう。また総所得に占める労働所得の割合も、当初の賃金増がそのまま見込まれていたことに比べてそれほど高まることはないであろう。重要な点は、以上のようなことが、財政的再分配によって生み出されることはないという点である(前述参照)。もしも我々が、企業の利潤、あるいは企業が資本家の世帯に対して支払う資本所得に課税したならば、財政資金移転ないしは労働者に対する課税の低下という形態の下で、賃金増大の場合と同様な、各労働者に対する再分配の費用を賄うことができるであろう。このことは、企業が支払う労働の代価を増やすことなしに、それゆえ、こうした資本／労働の代替が労働に対して害を及ぼすことなしに行われる。

これらの二つのタイプの再分配における本質的な違いは、企業の再分配に対する貢献が、両者の場合に同じ仕方では判断されないという点にある。直接的再分配は、企業が、かれらの雇う労働者の数に比例して再分配に貢献することを求める。他方で財政的再分配のケースでは、企業に求められる貢献は唯一、かれらの利潤の水準に依存する。このことは、そうした利潤を生み出すためにかれらが用いた資本と労働の量がいかなるものであってもそうである。こうして財政的再分配により、企業が支払う労働の代価を、労働者が受け取る代価から切り離すことができる。この点はまた、まさに所得を再分配しながら価格のシステムの資源配分的な役割を保つことができる。一方、直接的再分配によれば、これらの二つの代価は必然的に等しい。その結果、再分配は当然に有害な資源配分という代償を払わされることになる。

こうした論証は、次のような意義を示す。それは、再分配の手段の問題と、その大きさの問題とを区別することである。望ましい再分配の大きさがいかなるものであっても、財政的再分配は直接的再分配より優れている。これは、我々が市場経済の枠の中に据え置かれているからに他ならない。そこでは、資本と労働を代替させることができる。このことは同じく、すべての純粋な再分配は必ずしも似ていない点も示している。ある再分配は、他の再分配よりもいっそう効率的である。これは、それらによって労働者の生活条件を同じ割合で改善できるという意味においてそうである。しかもこのことによって雇用量が減ることはない。重要なメッセージは次の点にある。それは、再分配の効率を判断するために、我々は誰が支払うかを考えることによって済ますわけにはいかないという点である。同様に、経済システム全体に対して示される再分配の影響が考慮されねばならない。

同じように、徴税や資金移転に基づいたすべての再分配も、必ずしも類似しているわけではない。再分配が行われた結果を推察するために、一定の税金を誰が支払うかを考えるだけで済ますことはできない。徴税による租税の帰着(訳注)を研究する必要がある。例えば、雇われた各々の労働者のために企業が支払う社会保険料を増大することは、労働の代価を再び増やすことになる。この点は、企業が賃金を引き下げない限りにおいて、つまりそうした保険料の増大を補償しない限りにおいて現れる。そしてこのことは、資本／労働の再分配効率を消滅させるであろう。しかし他方で、企業の収益あるいは世帯に分配された利潤に対して徴税を引き上げることが、企業に対して労働の代価を増やすことにはならない。それゆえ、この増大によって、社会保険料と同様の社会的支出と社会的資金移転のための費用を、より効率的な仕方で賄うことができる。企業が支払う税金のすべてが、効率的な再分配という点で必ずしも同じ効率を発揮するわけではない。徴税の最終的な影響が資本に対して真に重くのしかかるためには、その徴税額が、用いられる資本もしくは資本に与えられる所得水準によるものでなければならない。

　このような論証をめぐるロジックはまた、現代経済理論の最重要な成果でもあることを示している。すなわち、もしも我々が純粋な再分配というパースペクティブの下で位置づけられるとすれば、そこでの再分配は、純粋な社会的公正を考慮することによって正しいものとみなされる。それは、想定されるような市場の非有効性によって正当化されるのではない。他方でこの再分配は、租税と資金移転の手段で行われねばならない。それは、価格のシステムによる操作で試みられるのではない。そこで、非常に一般的な考えが重要となる。例えば、より貧しい人々に対し、財政資金移転の手段で再分配することによって、価格の上昇に対処できるようにすることが、価格をコントロールすることよりもむしろいっそう効率的である。なぜなら、この価格コントロールは、欠乏と割当て給付を誘発するからである。我々はこうしたアイデアを、労働所得の不平等と再分配の分析について再び見出すであろう（第三章参照）。

**資本／労働の代替の弾力性という概念**　しかしながら資本／労働の再分配に関する特別なケースにおいて、財政的再分配が直接的再分配の操作に対して優位に立つことの影響力は、このような資本

訳注――納税者が租税を負担しているとは必ずしも限らない。課税で生じる納税者の行動の変化が、価格メカニズムを通して最終的に所得分配を変化させ、その結果租税が第三者に移転されることがあるからである。このプロセスを転嫁と言い、また分配の効果で租税が最終的に負担者に落ち着くことを帰着と言う。租税の帰着はこの両者を含む。

／労働の代替可能な量の大きさ、したがって価格のシステムによって演じられる資源配分の役割の大きさ次第である。資本と労働の間で代替の行われる機会は全く存在しない。こうした考えを支持する人は誰もいないであろう。そこで以下の点を知ることが問われる。それは、マクロ経済レベルで利用できる資本と労働を様々に結合する際の変化の幅、ならびにそうした結合に対して資本と労働の代価が及ぼす影響は、財政的再分配が直接的再分配より真に優れるようにするうえで、十分に大きなものかどうかを知ることである。そこで、真に適切な資本／労働の再分配は何かというもう一つの問題がある。実際に、もしもこの資本／労働の代替の可能性が小さいならば、直接的再分配の優位性は、その透明性と単純さにある。どうして市場は、資本と労働に対して認められた所得を固定したままにし、また再分配のための徴税と資金移転の複雑なシステムを設けるのか。この点は、仮にそうしたことに匹敵する結果が、企業に対して公正と考えられる割当てを、直接に課すことだけで得られるとしても問われるのである。

このような資本／労働の代替性と価格のシステムによって演じられる資源配分の役割の大きさを測るために、経済学者は、資本と労働の代替の弾力性という概念を用いる。この概念は、資本の代価が労働の代価に対して一％増大するときに、企業が、かれらの用いる資本量を労働量に対して何％減少させたいかを測定するものである。この弾力性は、企業の選択（例えば企業は、もしも労働の代価が増大するならば労働者を解雇できる。その逆は逆）をたんに独立したものと考えるだけではない。それはまた、とくにこれらの個別の決定がマクロ経済レベルに与える結果全体をも考慮する

（例えば、労働集約的セクターが発展して新たに労働者を雇うことができるかもしれない。ただし、こうした雇用のスピードは、労働の代価が高まればそれだけ下がる。その逆もまた同様である。前述参照）。

このような弾力性の上昇によって、一国経済全体にとって資本を労働に置き換えること、またその逆を行うことが、その必要性が感じられれば容易になる点が示される。そこで次のように言えよう。資本と労働の代替の可能性は非常に大きいと。もしも弾力性が一を上回れば、それによって賃金の一％の増大は、用いられる労働量を一％以上減少させるように導くであろう。その結果、全体の所得に占める労働所得の割合は低下する。一に等しい弾力性は、二つの結果が正確に等しいケースに相当する。その結果、全体の所得に占める労働所得の割合は一定のままである。この点は、労働と資本の代価がいかなるものであってもそうである。このようなことは、コブ・ダグラス（Cobb-Douglas）型生産関数の場合に相当する。この名称は一九二〇年代の特別なケースに関して、この生産関数をつくり出した人たちに由来する。かれらは、米国とオーストラリアの産業における利潤／賃金の割当てを研究した後に、かれらが観察したものをそうした生産関数によって正確に計上できると結論した（Douglas［1976］を参照。これは、死後にまとめて刊行したもの）。我々はより後に、一九九〇年代において観察された事実と利用可能な研究により、こうした分析がどの程度、確証できるかを見るであろう（後述参照）。先のものとは逆に弾力性が一以下の場合、これは、固定係数を持ったテクノロジーのケースに類似すること、すなわち、資本と労働の限界生産性が、機械による n 人の労働者という規準から外れるやいなや非常に小さくなること、したがって労働の代価が増大するときに、全体の所得に占める資本所得の割合が低下して労働所得の割合が上昇することが示される。係数が完全に固定されているという極端なケースは、代替の弾力性がゼロに等しい場合に相当する。機械によってn人の労働者が必要であることに対し、それとの違いはいかなるものでも不可能である。そこで資本／労働の割当ては、純粋な再分配の問題になると共に、古典派の理論が述べるような、純粋に分配に関する争いの問題にもなる（前述参照）。

一九八〇～一九九〇年代に、失業によって欧州で引き起こされた議論は、このような資本／労働の代替の弾力性の問題をめぐる政治的な争点を示している。実際に、数多くの論者は次のように想定した。それは、労働に課せられる徴税（とくに社会保険料）がかなり増大したこと、および資本に課せられる徴税が減少したこと（利潤に対する課税の低下、世帯の数多くの資本所得の税免除）が、一九七〇年代以降の欧州における失業の増大要因になり得たという点である。このことは、労働コストをつり上げること、したがって企業に対してより多くの資本とより少ない労働を用いるように促すこと、あるいは少なくとも、より多くの労働を十分に用いないようにすること、そして労働集約的セクターの発展に不利な条件を与えることなどの点から示された。さらに次のような提案がある。それは、労働に課せられる徴税の一部を資本に向けて移転させるというものである。これは例えば、企業に対して、雇用者の社会保険料をかれらの総賃金をベースとしてではなく、かれらの利潤をベースとして均等に支払わせること、あるいは賃金に基づく社会保険料の査定対象を資本所得にまで拡げることで行われる。このことは、企業の社会保険料が労働に対して課されるのをより少なくするためであり、これは例えばフランスにおける一般社会保障負担税（CSG）のようなものである。これらの提案の持つ実践的な妥当性は、資本／労働の代替の可能性に関する量的な大きさに完全に依存する。もしも資本／労働の代替の弾力性が上昇すれば、これらの提案によって、雇用をつくり出しながら同額の社会的支出の費用を賄うことができる。こうして、より効率的な再分配が得られる。しかし、もしもこの弾力性が小さいならば、これらの財政改革に関する提案は幻想に終わってしまう。そこで、資本に対していっそう多く支払わせたいのであれば、その場合にどうして賃金が増大しないのか。この増大はとにかく、雇用量を何も変えるものではない。なぜなら、その量は固定されているからである。このようなことは、社会保険料に代わる新たな徴税をつくり出すことなしに行われるか。

**資本の供給弾力性**　資本／労働の代替の弾力性はそれゆえ、資本／労働の再分配手段に関する問題に対して決定的なパラメーターとなる。しかし、このパラメーターによって、労働者の観点から望ましい再分配の大きさは何かという問題を速断することはできない。実際に直接的再分配も財政的再分配と同様に、一国経済の将来の資本ストックに対する資本／労働の再分配効率を考慮しなければならない。全体の所得に占める資本所得の割合の低下は、資本に対する課税の上昇、あるいは企業が支払う労働の代価の増大によって引き起こされるが、こうした減少は、企業が新たな投資資金を賄う能力を低下させる。このことは同じく、資金力のある世帯に対し、それを貯蓄させたり、またその貯蓄を企業に投資させたりする意欲を低めてしまう。

資本／労働の再分配が、貯蓄や資本蓄積に及ぼすマイナスの効果の大きさは、実際にどれほどか。伝統的に極端な立場は次のように述べる。このマイナスの効果はとても大きいので、労働者に含まれる利害は、資本所得は何も削減されないという点にある。なぜかと言えば、資本／労働の再分配はまさに、利用可能な資本の量を減らすことによって終了するため、労働生産性、したがって賃金は、たとえ再分配で行われる財政資金移転で増大しても、同じように減少してしまうからである［Judd,1985；Lucas,1990b］。この場合、社会的公正を実践する考えは、とくにロールズ派によるマクシミン原理で示される（序論参照）。これにより、次のような結論、すなわち、国家は資本／労働の再分配を何も設定しないという結論が導かれるであろう。この点は、そうした再分配が直接的であっても、あるいは財政的であってもそうである。不平等を減少させるすべての試みは、最も不利な立場にある人々に反する方向に向きを変えることで終わってしまうであろう。したがってこのことは公正でない。その際の再分配に関する公的活動は、労働所得の不平等に集中してしまい、資本／労働の再分配に関する不平等は無視されてしまうのである。

このようなシナリオは、論理的には可能である。しかし、利用可能な実証的研究は、この点を確証するものではない。これらのマイナスの効果を測定するために、我々は「資本の供給弾力性」という概念を用いよう。この概念は、資本の供給量、すなわち世帯が企業への投資を決定する貯蓄の量が、投下される資本の報酬率が一％下がると何％減少するかを測定するものである。しかし、この弾力性の実証的な推計は一般に、弾力性が疑いなく十分にゼロに近いと結論している。将来の十分な所得を保とうとすること、それは、より大きな貯蓄によって報酬率の低下を補うものである。このことは実際に、より低い報酬率が当座の消費を、貯蓄や将来の消費よりもいっそう魅力的にさせるということに合わせるか、あるいはそうしたことを考えなくても済むようにすると思われる。経済学者の用語を使えば、所得効果は、現在の消費と将来の消費との代替効果を補うと言えよう［Atkinson et Stiglitz, 1980, chap.3-4］。実際に、利子率が上昇して資本所得に対する徴税が低下した一九八〇年代と一九九〇年代の期間は、貯蓄率がとくに上昇したことで特徴づけられるものではない。それとは逆であった。資本の供給弾力性が、実際にゼロ（ないしはわずか）であるほど、すなわち、利用可能な資本ストックが再分配の大きさに依存しない（あるいはわずかしか依存しない）ほど、財政的再分配によって資本／労働の再分配を可能な限り拡大できる。そしてこのことは、社会的公正によって推奨される。資本／労働の代替の弾力性が取るに足らないものではない場合、それほどの野心的な再分配は、直接的再分配によっては効率的に行われないであろう。と言うのも、直接的再分配は雇用量を無駄に減少させるからである（前述参照）。

しかし、このような資本の供給弾力性の推計は、再分配に関する潜在的なマイナスの効果の一部分を測るものでしかない。このことは確かである。なぜかと言えば、実際には世帯の貯蓄から直接に生じる投資は、そのたった一部分にすぎないからである。投資の大きな部分、多くの場合その大半は、直接には企業の、株主あるいは債権者には分配されない利潤から生まれる。なぜなら、こうした留保利益による投資はふつう、外部の貯蓄に訴えるよりも負担を大きくするものではないし、またそれよりいっそう効率的だからである。それゆえ我々は同じく、企業の財務構造と内部資金から投資できる力に及ぼす資本／労働の再分配効率を考慮しなければならない。それは、資本の供給弾力性、したがって社会的公正の観点からの最適な再分配の大きさに関して全体的な推計を行うためである。

これに対するより根本的な反論は以下のようである。たとえ資本の供給弾力性が実際に小さいものであったとしても、資本所得に対する課税は次のような世界、すなわち、貯蓄と投資が国際的に移動可能であり、また諸国家が互いの再分配水準を選択するような世界において、大きな問題を投げかけることになる。このことは、投資を最大に引き付ける誘因となって現れる。こうした財政競争のメカニズムは、独立した各国に対して資本の供給を非常に弾力的にさせる。この点は、たとえ想定される諸国の全体に対して資本の真の供給弾力性が小さいものであっても現れる。事実、諸国間のコーディネーションの不足により、一九八〇年代から一九九〇年代の間におけるすべての欧州諸国で、資本所得に対する課税がどうして著しく減少したかという点を大いに理解することができる。唯一、財政連邦制により、すなわち地理的かつ政治的にできるだけ広いレベルで資本に対して課税することにより、社会的公正の観点から最適な資本／労働の再分配を初めて設けることができるのである。

**資本家と価格のシステムは必要か**　もしも我々が、資本／労働の代替の弾力性と資本の供給弾力性を正確な仕方で測定できるならば、それでもって原則的には、労働者の観点から最適な資本／労働の再分配に関する手段と大きさを決定することができるであろう。しかし、この再分配のテーマをめぐる知的かつ政治的な対立を、これらの弾力性の測定の問題に限定させることはできない。実際に、この概念的な枠組は非明示的ではあるが、市場経済の規律とその価格のシステムによる資源配分の役割を受け入れることを想定している。この点は、資本の供給弾力性の場合に明らかである（資本家の世帯による脅しをどうして受け入れようとするのか。かれらは、資本の報酬が十分でないと思えば、もはや貯蓄をしないであろうと脅かす）。しかし、そのことはまた、資本／労働の代替の弾力性にとってもまさに重要である。企業は、もしも労働の代価が資本のそれに比べて増大するならば、どうしてより多くの資本とより少ない労働を用いようとするのか。企業に対して、解雇を禁じるだけでは足りないのか、あるいはただたんに、かれらに対して雇用と社会的公正に関する集団的目的にいっそう合致するような振る舞いを、個別に求めるだけでは足りないのか。これらの点は、企業の委員会と警戒する公衆の判断によって支えられる。価格のシステムによる資源配分的な役割を受け入れると共に、例えば直接的再分配による操作よりも、財政的再分配のほうを優位に立たせるように求めることは、次のような点を述べることになってしまう（前述参照）。それは、唯一個人的なエゴイズムによって初めて、複雑な経済システムに対し、その資源をいかに配分するかを正しく決定できるという点である。しかし、こうした宿命論の拒絶と、他のより連帯的な経済組織の様式に対する希望こそが、左派の伝統的な姿勢を特徴づけている。この姿勢は、市場と一般的な社会的不平等、ならびにとくに資本／労働の再分配に関して表される。さらに、そのような拒絶と希望こそが、社会的公正という特権を与えられた手段としての徴税に対する、左派のそうした懐疑主義を維持させ続けているのである。我々は、これと同じ懐疑主義を、労働所得の不平等と再分配のケースについて再び見るであろう（第三章参照）。

例えば、価格のシステムと財政的再分配のロジックに入り込むことに対する拒絶がある。それは、資本／労働の代替の可能性が実際には、マクロ経済レベルで取るに足らないと信じていることよりもはるかに強い。そこで、こうした拒絶によって以下の点がわかる。それは一九八〇～一九九〇年代に、欧州の左派と労働組合運動の大きな部分において、労働者に対する徴税、例えばフランスの一般社会保障負担税に関するような税金を削減させることをねらった租税改革の提案に対し、冷めた態度あるいは明らかな嫌悪感が見られたという点である（前述参照）。しかし、そうした租税改革案は実際に次のような考えに基づいている。もしも労働の利用可能な量が非常に増大すれば、それによって労働の代価は低くなると同時に資本の代価は上昇し、このことは企業に対し、より少ない資本とより多くの労働を用いるように促す一方、消費者に対しては、より多くの労働集約財とより少ない資本集約財を消費するように促す。以上の改革案はこのことを引き起こすのに、それほど悪い仕方ではないかもしれないと考えられたのである。異なる財とサービスの双方を生産し消費する世界で、それらにおける資本と労働の正確な含有量を決定するのは多くの場合困難である。このような世界において、以上のことと別のようなことは起こりえない。言い換えるならば、それらの代価は、次のようなシグナル、すなわち、それによって異なる経済アクターに対し、そうした代価なしでは効率的に伝えるのが困難な情報を伝播させることができるというシグナルの役割を演じる。この点は、集権的な計画化により一斉に広く認められた失敗が例証しているようなものである。しかし、こうしたロジックは必ずしもつねに一致して認められているわけではない。そうであるからには、問題は十分に複雑である。また、それは個人的なエゴイズムであると諦めてしまうのは非常に悲しい。

我々はそれゆえ以下のように考える。価格のシステム、個人的エゴイズム、ならびに他の可能な経済組織の形というテーマをめぐる議論が、過去に観察された事実によって完全に終わることは決してない。このような希望と問いかけが発せられる一方、このテーマをめぐる議論は、次のような点以外の次元で大いに行われる。それは資本の供給弾力性や資本／労働の代替の弾力性を実証的に推計するという問題以外の次元であり、とくに資本／労働の割当てに関する古典派の理論と限界主義者の理論との間の論争以外の次元を表している（前述参照）。ところが、これらの二つの議論は、必ずしもつねに完全に独立していたわけではない。実際に、資本／労働の代替の弾力性が小さいときは、価格のシステムがそれほど有効ではない（前述参照）。もしも資本主義的生産様式が、ただたんに資本と労働の量を固定してそろえること、すなわち、一台の機械に対してn人の労働者を当てることから成るとすれば、ではどうして機械の所有者が必要なのか。もしもこの所有者が、機械の所有から特定の収益を取り出すしかないのであれば、我々はとにかく生産手段を共有化することによって、この生産様式を廃絶できるであろう。貯蓄に関しては、機械の在庫を増大させてそれらを労働者の適切な数にそろえるために、国民所得の中から満足のいく割合を取り出すだけで十分である。このために、資本家は全く必要とされない。この点は明らかに、マルクスが自身の回りで、このような資本主義的生産様式の恐るべき単純さを観察しながら結論づけたことである。逆に資本と労働の代替の可能性を強調することは、限界主義者の経済学者が行ったように、現代経済の複雑さに力点を置く一方で、選択を導くことになる。この選択は、誰かしらがよく行うに違いない。そしてこのことによって、価格のシステムの正当性と民間の所有が導かれる。この点は、他のシステムによって、これらの複雑な分配の諸問題を制御できなければの話である。こうして、資本／労働の代替性に関する議論は多くの場合、資本主義と価格のシステムの正当性に関するより一般的な議論として現れる。このことは、一八七〇年代から一八八〇年代に限界主義者の経済学者の間でマルクスに反対する議論がなされたとき、あるいは一九五〇年代から一九六〇年代に二つのケンブリッジによる論争がなされたときに示された（前述参照）。

こうした異なる議論の間に見られる混乱は、納得のいくものである。しかし、この混乱は有害でもある。価格のシステムが正しいかどうかという問題を、資本／労働の代替性の問題に帰着させるわけにはいかない。それは、必ずしもはっきりとしないのである。なぜかと言えば、価格のシステムが、生産するための財とサービスを決定するうえで有効な役割を演じることができるからである。

この点は、マクロ経済レベルでの資本／労働に関する大きな代替の可能性が限られている場合にもそうである。逆に、資本／労働の代替性の問題を、資本／労働の再分配の大きさの問題に決めてかかることもできない（前述参照）。我々が市場経済の枠組の中に位置づけられて以来、資本／労働の割当てに関する古典派の理論と限界主義者の理論との間で行われた論争における真の問題は、直接的再分配と財政的再分配との対立にある。

## 短期の理論と長期の理論の妥協

観察された事実、またとりわけ資本／労働の割当てに関する歴史的事実を基にして、我々は古典派の理論と限界主義者の理論との間で行われた議論を進めることができるであろうか。国民所得、利潤と賃金、資本と労働などに関する理論的な概念を、国民的会計の統計的資料で遭遇する実証的な概念に移し替えることは、必ずしもつねに簡単ではない（コラム参照）。しかし、いったんこれらの困難が乗り越えられると、我々は非常に驚くべき経験的な規則性を見ることができる。これは、ケインズ（Keynes）がすでに一九三〇年に、経済科学の中で最も確固とした規則性として捉えていたものである。

実際に表8は、利潤の割合と賃金の割合が、七五年間の期間で、またとりわけ社会に関して非常に異なる国家の歴史を持つ三ヵ国で、何よりも一定であることを示している。賃金の割合は六〇％以下には決してならないし、また七一％あたり以上になることも全然ない。その値は、一般に六

## コラム――資本の割合の測定

利潤の割合と賃金の割合をいかに測定するか。企業が消費者や他の企業に販売したことによる収益は、つねに三つのタイプの異なるコストを支払うのに使われる。それらのコストは次のような仕方で分類される。

・中間消費の代価。中間消費は、企業が自身の固有の財とサービスを生産するために、他の企業から財とサービスを購入することであり、それらの財とサービスは、機械や設備と対照的である。後者は毎年更新されることがないし、また企業の資本を構成する。

・賃金労働者の報酬。これは、賃金労働者が実際に受け取るネットの賃金、ならびに賃金労働者に対する社会保険料と言われるものを含む。この社会保険料は、賃金労働者の給与明細書に基づいて直接に徴収される（ネットの賃金と賃金労働者に対する社会保険料の合計はグロスの賃金に等しい）。これらと同じように、いわゆる雇用者に対する社会保険料がある。これは雇用者が負担するものである。賃金労働者の報酬は、これらのものを含んでいる。この総額が労働のグロスの所得、あるいはより単純に労働所得の全体を表している。

・営業粗余剰（ＥＢＥ）。これは、販売による収益のうち、前二者のコストが支払われた後の残りの部分を示すものである。この営業粗余剰は一般に、厳密な意味での企業の利益よりもはるかに大きい。と言うのも、営業粗余剰は株主に対して配当を支払うだけでなく、また契約された借り手の利子、収益に対する課税、さらには使用された機械と設備の取り換え、すなわち資本の償却あるいは減価償却にも費やされるからである。この総額は、資本のグロスの所得ないしはより単純に、資本所得の全体を表している。

企業の付加価値は、販売収益と中間消費のコストとの差として規定される。したがってそれは、労働所得と資本所得の合計に等しい。我々が利潤の割合と賃金の割合を計算するとき、実際には資本所得の割合と労働所得の割合を、付加価値に対する割合（％）で計算する。すなわち、そこで我々は、中間消費の割合を無視する。こうした無視は、完全に正しいとみなされる。なぜなら、他の企業からの購入を示すこれらの中間消費はそれ自体、そうした他の企業の資本と労働の報酬として役立つからである。それゆえ我々は、二重に計上することを避けなければならない。

資本に対して直接に課される租税（収益税のような）、あるいは労働に対して直接に課される租税（社会保険料のような）は、すでに資本所得もしくは労働所得に計上されている。それらの租税以外に、企業は同じく他の税金を支払わねばならない。それは、付加価値税（ＴＶＡ）のような間接税と言われるものである。その負担すべき額は、付加価値が資本と労働の間で割当てられるというような仕方に直接依存するものではない。したがって、それを資本のグロスの所得にも、また労働のグロスの所得にも割当てることができない。利潤の割合と賃金の割合を計算するとき、こうした間接税の割合を同様に無視するのが慣例となっている。つまり我々は、資本と労働の所得の割合を、間接税の純付加価値に対する、すなわち生産要素のコストに対する割合（％）で計算する。このことにより、付加価値に占める資本と労働の割合の合計を優れて一〇〇％に等しくなるようにすることができる。この点は、表８や表９に見られるとおりである。そしてそれは、説明をより簡単にさせる。なぜかと言えば、これらの徴税は、資本／労働の割当てに直接には必ずしも依存しないからである。

最終的に、もう一つの複雑にしている原因は、個人の事業者（農業従事者、商人、自由職業人…）を取り扱う仕方にある。なぜかと言えば、これらの事業の付加価値は自営労働者の労働に対してと同時に、かれらが投資する資本に対しても、報酬を支払うからである。この点は、かれらの会計が、賃金と利潤の概念をはっきりとさせなくてもそうである。個人の事業者に対する考えが正確さを欠いているので、我々は例えば、厳密な意味での賃金の総付加価値に占める割合が、一九世紀以降にかなり高まったことを見出すであろう。それはただたんに、賃金労働者の割合（％）がいっそう上昇したにすぎないからである［Morrisson, 1996, p.78］。ＯＥＣＤの計算上の慣例は、企業の賃金労働者に対してと同様に、自営業者に対しても労働の平均所得を割当てることである。そして表8と表9のすべての数値が調整されたのは、この慣例に基づいている。この点は確かである。

六％から六八％のあたりである。そして、賃金の割合がその期間で、上昇するか低下するというようなシステマチックな傾向を、わずかでも見つけることはできない。利潤／賃金の割当てはつねに、資本所得が三分の一の値で労働所得が三分の二の値にそろって動いているように思われる。

**付加価値の割当てから世帯の所得へ**　最初に、こうした資本と労働の所得の間における三分の一と三分の二という割当てと、第一章で述べた世帯の所得の割当てとの関係を明確にしておこう。表8は、資本と労働の間の、第一次的な所得の割当てを表している。この所得はすなわち、すべての賃

表8.
米国、フランス、ならびにイギリスにおける企業の付加価値の資本と労働への割当て：1920-1995年（%）

| | 米国 | | フランス | | イギリス | |
|---|---|---|---|---|---|---|
| | 資本 | 労働 | 資本 | 労働 | 資本 | 労働 |
| 1920 | 35.2 | 64.8 | 33.7 | 66.3 | 38.1 | 61.9 |
| 1925 | 35.1 | 64.9 | 34.9 | 65.1 | 38.1 | 61.9 |
| 1930 | 37.9 | 62.1 | 32.5 | 67.5 | 38.1 | 61.9 |
| 1935 | 32.9 | 67.1 | 30.5 | 69.5 | 35.8 | 64.2 |
| 1940 | 36.9 | 63.1 | 31.3 | 68.7 | 36.3 | 63.7 |
| 1945 | 30.9 | 69.1 | | | | |
| 1950 | 34.9 | 65.1 | 37.8 | 62.2 | 33.2 | 66.8 |
| 1955 | 34.9 | 65.1 | 34.1 | 65.9 | 32.5 | 67.5 |
| 1960 | 32.9 | 67.1 | 34.4 | 65.6 | 31.2 | 68.8 |
| 1965 | 35.9 | 64.1 | 32.4 | 67.6 | 32.5 | 67.5 |
| 1970 | 30.9 | 69.1 | 33.6 | 66.4 | 32.4 | 67.6 |
| 1975 | 30.9 | 69.1 | 29.7 | 70.3 | 28.3 | 71.7 |
| 1980 | 33.9 | 66.1 | 28.3 | 71.7 | 29.2 | 70.8 |
| 1985 | 34.0 | 66.0 | 32.0 | 68.0 | 32.2 | 67.8 |
| 1990 | 33.8 | 66.2 | 37.6 | 62.4 | 28.2 | 71.8 |
| 1995 | 33.5 | 66.5 | 39.7 | 60.3 | 31.5 | 68.5 |

注：コラム「資本の割合の測定」p.66を参照。
出所：1980-1995年の期間：OCDE［1996, p.A27］。1920-1975年の期間：米国：Atkinson［1983, p.202］、Duménil & Lévy［1996, 付録の統計］、フランス：INSEE［1994, p.84-153］（cse, ebe, idve ならびに mse の一連の統計資料から筆者が計算）。イギリス：Atkinson［1983, p.201］

金とグロスの報酬の総額であり、そこには社会保険料が含まれている。これは、実際に企業がその労働者に対して支払うものである。また、そうした所得はグロスの利潤あるいは営業粗余剰、すなわち労働者に支払われた後に企業に残された分のすべての額を示す（コラム参照）。それゆえ、世帯が受け取る実際の可処分所得の割当てに対する関係は複雑である。例えば、表8の「労働」の欄に表されている額の大きな部分は、現実には社会保険料から成る。この保険料は、表1の世帯の可処分所得における年金や社会的資金移転の形で再現される。次いで、とくに企業のすべての利潤は、資本家の世帯に必ずしも分配されない。この世帯は、企業の株式や社債を保有している。これらのグロスの利潤の大きな部分、多くの場合半分以上であるが、それは、資本の減価償却（平均で付加価値の約一〇％）を補償するために企業が保持するものであると共に、外部に対して資本を応募することなく新たな投資を行うためのものである。

同じように、企業が株主に分配する前のかれらの利潤に対して支払う税金を考慮しなければならない。しかし、この重みは限られている。なぜなら、利潤に対して課せられる税率が、先進諸国の大部分で四〇％から五〇％ほどのものであっても、そうした課税から生じる収入は、一般にＧＤＰの二・五％から三％を超えるものではないからである。それはフランスでは、一九九〇年代にＧＤＰの一・五％に届く程度のものである。ところが、付加価値に占める資本の割合は、それよりいっそう上昇している［OCDE, 1995, p.78.］！　その理由は、税金の課せられる利潤の概念が、営業粗余剰の概念よりもはるかに限定されている点にある。と言うのも企業は、税金のかかる利潤を計上する以前に、かれらの資本ストックの減価償却の推計額だけでなく、かれらの債権者に支払われる利子、かれらが直面すると予想されるリスクに対する引当金なども差し引くことができるからである。非常に古くから以下の点が問題となっている。それは、現代のすべての租税システムにおいて、課税の査定対象には最も大きな「抜け穴」があるという点を示す。これは、家計が受け取る資本所得に対する査定対象にも当てはまる。かれらは、様々に異なる免除から大いに利益を得るのである。

最終的に、以下の事実を同様に考慮しなければならない。それは、世帯の受け取る賃金の大きな部分、そして表1の「賃金」の欄に現れるものの大きな部分は、実際には公的な行政機関によって支払われるという点である。これは、資本のグロスの所得から生まれる収入（収益税のような）、あるいはとくに企業の付加価値全体から生まれる収入（付加価値税のような）から支払われる。このことは世帯が受け取る所得において、資本所得の割合に対して賃金の割合を増やすように導く。この傾向は、企業の付加価値における資本／労働の割当てに比べると明らかである。企業の付加価値に占める課税前の利潤の割合が三二％から三四％ほどであるとすれば、それを元にしたとき、以上のすべてのことから次の点がわかる。それは、実際に家計が受け取る資本所得の割合は、典型的には家計の所得全体の一〇％ほどに下がるという点である（第一章参照）。

**利潤の割合の規則性という教訓**　表8を振り返ってみよう。利潤の割合が時間と空間において示した、以上のような規則性をいかに解釈したらよいか。内部留保の理論が考慮されたとしても、それとは別に、こうした規則性による第一の教訓は次の点にある。すなわち、賃金労働者が二〇世紀に購買力をかなり増大したことの原因を探らねばならないが、それが、資本／労働の割当てによるとは必ずしも確証できない。言い換えるならば、フランスの労働者が一九二〇年から一九九〇年の間に購買力を四倍に増やしたのは、社会的闘争や資本家が我がものとする所得の割合の低下によるものではない。なぜなら、企業の付加価値に占める賃金の割合は、一九二〇年において一九九〇年と同じく、大ざっぱに言って国民所得の三分の二に等しかったからである（表8参照）。さらにフランスにとって、二つの世界大戦と統計的な分類基準の変化は、一九二〇年以降の利潤／賃金の割当てに関する時系列的統計の再建をまさに危うくさせた。そうだとしても、米国の統計は信頼のおける仕方で一八六九年まで遡ることができる。そこで、この米国統計は、賃金の割合が一九世紀にすでに六六％と六八％の間で動いていたことを示している［Duménil et Lévy, 1996, chap.15］。すなわち、そこでは利潤／賃金の割当てが、一二〇年以上にわたってほとんど一定であった。他方で賃金は、一〇倍以上に増えたのである！

確かに、付加価値の三分の一が各時点で資本のものになることは、取るに足らないとは考えられない。なぜかと言えば、もしも、この収益分が完全に労働側に分配されるのであれば、またそこには資本の減価償却に相当する部分も含まれるが、賃金は一般に五〇％増大することが認められるからである。このことは一八七〇年の労働者、あるいは一九九〇年のかれらさえもが、多くの場合に被る惨めな生活条件をかなり改善させるであろう。こうしたかれらの生活条件は、数多くの個人の資本家が豊かさの中で生活していることと比べれば、その惨めさがはっきりする。しかし、同時に次の点をよく確かめておかねばならない。それは、以上に見た賃金の五〇％の増大が、一八七〇年から一九一〇年の間に実際に見られた賃金の増大よりも二倍以上もより低かったと共に、一九五〇年から一九九〇年の間に実際に見られた賃金増よりも四倍以上もより低かったという点である（表6参照）。そして、これらの一八七〇年から一九一〇年の間の一〇〇％の賃金増、あるいは一九五〇年から一九九〇年の間の二〇〇％以上の賃金増は、もし資本の割合が一八七〇年か一九五〇年にゼロに減じていたとすれば果たすことができた。この仮定を疑わないわけにはいかない。このテーマに関して我々がわかっていることは限られているとしても、以下の点は真実のように思われる。それは、資本の供給が、こうした再分配のレベルまで減少し、したがって労働者の観点から見た資本／労働の最適な再分配は、さらにいっそう少なくなるという点である。そうした再分配は、実際に行われた再分配よりも疑いなくいっそう大きいにもかかわらずそのように言える（前述参照）。

**誰が社会保険料を支払うのか**　表8から第二の教訓が引き出されるかもしれない。それは、租税の帰着の問題に関係する。実際に、企業が支払う社会保険料は一九二〇～一九三〇年代において、金額的には取るに足らないものであった。他方で、雇用者の社会保険料は、一九九〇年代にフランスでグロスの賃金の約四五％を表した。これは、グロスの賃金の二〇％以上を示す賃金労働者の社会保険料を計上したものではない（コラム参照）。では、こうした雇用者の社会保険料を誰が支払うのか。もちろん雇用者ではない。なぜなら、付加価値は、労働者のために支払われるすべての社会保険料を含む一方、労働所得の付加価値に占める割合は、一九二〇年から一九九五年の間に増大しなかったからである。同じく、雇用者の社会保険料は米国やイギリスで、一九九〇年代にフランスよりもはるかに少ない。ところが、この点と逆にフランスでは、労働所得の付加価値に占める割合は、これらの二つの国よりも全然上昇していない（表8参照）。米国ではイギリスと同じように、グロスの賃金に適用される雇用者の社会保険料の最大比率は、実際に一九九六年にせいぜい一〇％ほどである（米国で七・六五％、イギリスで一〇・二％）。これに、賃金労働者の社会保険料に関して同じ率を加えなければならない。そこで、社会保険料全体（雇用者と賃金労働者の社会保険料）の収入は、GDPの約六％から七％を表す。これに対してフランスでは、それは約二〇％である［OCDE, 1995, p.79］。もしも雇用者の社会保険料がかれら自身によって支払われるのであれば、我々はそこで、フランスにおいて付加価値に占める労働所得の割合が、GDPの少なくとも一〇％になると予測するであろう。これは、アングロ・サクソン諸国におけるものを上回っている。

したがって、社会保険料を支払っているのが資本所得でないことは明らかである。ここに重要な根本的事実がある。と言うのも、現代の社会保護システムは、今日の再分配の核心（収益税が一九九五年にフランスでGDPの一・五％を表すのに対し、社会保険料はGDPの約二〇％である）を成すと共に、このシステムはまた、資本家と労働者の間で社会的支出を分かち合うという考えに基づいていたからである。ところがこうしたシステムは、実際には資本の労働に向けた再分配を何も行わなかった。そこで、このコストを完全に使い果たしたのは労働所得であった。この点は、このようなシステムの正当性が不確かなことを問題にするのではない。なぜなら、そうしたシステムによって、労働所得の内部で再分配を強く行うことができると共に、民間市場が多くの場合よく果たせないような保険の機能を満たすことができるからである（第四章参照）。しかし、このことは明示的ではないが、資本／労働の割当てに関するあるビジョンを深く再検討することになる。このビジョンは多くの場合、そうしたシステムの設定をつかさどるものであった。それは、資本／労働の割当てに関する古典派の理論に非常に近いビジョンである。これによれば、交渉によって最もよい割当てを得ることができる。それは例えば、雇用者の社会保険料の割合を、賃金労働者の社会保険料の割合より高めるという手段を使って行われる。このことは、資本家によってすでに支払われた賃金に付け加わる特別手当てを成すように向けられる。

事実、まさに次の点が示されるように思われる。本質的な点は唯一つ、租税の帰着の理論が予想する点と合致するように、徴税はいかなる条件の下でなされなければならないか、すなわち、その徴税額が賃金や利潤などの水準にいかに依存するかを知ることである。したがってそれは、この徴税の対象者が誰であるか、あるいは誰が公に支払うようにみなされるか、つまり、誰が当該行政機関に小切手を支払うかを知ることではない。それゆえ、次の点を知ることはほとんど重要でない。それは、社会保護の財源が、雇用者の社会保険料か賃金労働者の社会保険料に基づくのではなく、社会保険料を支払う仕方と同じように、賃金に比例的に課される所得税によって保障されるかどうかを知ることである。この点はまさしくデンマークで起こっている。そこでは、社会保険料は何も存在しないと同時に、社会保護の一般的システムに関する費用は、所得税によって完全に賄われる（この所得税は実際に、資本所得の重みが限られている点を考えると、つねに基本的には大体賃金と社会的収入に対する課税である。前述参照）。驚くことではないが、そこでの企業の付加価値に占める労働所得の割合は他の国と同じである［OCDE, 1996, p.A27］。デンマークの企業は、フランスの企業が賃金労働者に支払っているのと同じくらいの賃金をかれらに払っている。かれらは単純に、社会保険料を払うことなしに、すべて賃金の形で支払う。そこで所得税を払うのは賃金労働者である。より一般的には、欧州の社会保護の資金調達に占める社会保険料の割合は、国々でかなり異なる。そこでは、デンマークとフランスが両極端を表す。ところが、企業の付加価値に占める労働所得の割合は、どこでも際立って同じである。唯一の的確なパラメーターは、義務的な徴税が、ここでは所得税ないしは社会保険料が重要になるが、賃金の水準すなわち徴税の累進度に依存するかどうか、それはまた、資本に与えられた所得水準に同じく依存するかどうかを知ることにある。とくに資本に課される徴税によって初めて、資本／労働に関する真の再分配ができるであろう。

**コブ・ダグラス型生産関数？**　いったん、これらの教訓が引き出されると、利潤の割合に関するこうした規則性はいかに説き明かされるであろうか。経済学者の伝統的な解釈は、先進国経済が、過去一世紀にわたる資本主義の期間に、コブ・ダグラス型生産関数、すなわち資本／労働の代替の弾力性が一に等しいことにより、マクロ経済のレベルでうまく描かれてきたというものである（前述参照）。実際に、資本／労働の代替に関する単一の弾力性によって初めて、確実に次のような予想が導かれる。それは、利潤と賃金の割合が時を経て一定でなければならないことを示す。この点は、資本と労働の用いられる量がどのように変化しても、また労働と資本の代価によって被る政治的あるいは経済的なショックがどのようなものであってもそうである。同じく、このことによって社会保険料で見られる租税の帰着を説明することができる。この徴税は労働を基盤とするものであり、したがってそれは労働の代価を増大させる。

確かに、たとえ技術が固定係数によって特徴づけられるとしても、すべての国で行われる社会的かつ政治的な闘争はつねに、所得に関して受け入れられる同じ割当てが行われるかどうかという点に注がれる。この割当ては、賃金が三分の二で利潤が三分の一というものである。このように考えられる。ソロー自身が記しているように、我々はこうした割当てに関する相違の大きさを明確にしなければならない。その定常性に驚く前に、そうした相違が存在することを予想するのは言うまでもない［Solow, 1958］。ミクロ経済のレベルで、すなわち個々の企業のレベルで直接に調査している計量経済的な諸研究、つまり企業が望む雇用の水準は労働の代価の変化に応じていかに変わるかに関する諸研究はしかしながら、資本と労働の間で大きな代替の可能性があることを確証している。先進諸国全体について行われた何十もの研究成果を比較した後に、ハンメルメッシュ（Hammermesh）［1986；1993］は次のように指摘する。労働の需要弾力性に関する推計の大部分は、〇・七と一・一の間にあるという資本／労働の代替の弾力性に相当している。そして彼は、「コブ・ダグラスの関数は現実に対して十分によく適合しているように思える」と結論する［1986, p.451-452, 467］。一九七〇年代以降の先進諸国において、雇用に関する経験は対照的であった。この点はまた、資本／労働の大きな代替の可能性を示唆している（後述参照）。それゆえ、事実を観察すると、資本／労働の割当てに関する限界主義者の理論の妥当性が確かめられているように思われる。その結果、財政的

表9.
OECD諸国における企業の付加価値に占める資本の割合：1979–1995年（%）

| | ドイツ | 米国 | フランス | イタリア | イギリス | OECD |
|---|---|---|---|---|---|---|
| 1979 | 30.5 | 35.0 | 30.0 | 35.5 | 31.3 | 32.8 |
| 1980 | 28.5 | 33.9 | 28.3 | 36.0 | 29.2 | 32.2 |
| 1981 | 28.2 | 34.5 | 28.2 | 35.3 | 28.9 | 32.1 |
| 1982 | 28.6 | 33.6 | 28.5 | 35.4 | 30.7 | 31.8 |
| 1983 | 30.8 | 33.3 | 29.2 | 34.5 | 32.3 | 32.2 |
| 1984 | 31.8 | 34.0 | 30.7 | 36.4 | 31.9 | 33.2 |
| 1985 | 32.4 | 34.0 | 32.0 | 36.6 | 32.2 | 33.7 |
| 1986 | 33.1 | 34.0 | 34.9 | 38.6 | 31.0 | 34.1 |
| 1987 | 32.7 | 33.2 | 35.5 | 38.4 | 31.4 | 33.8 |
| 1988 | 33.8 | 33.1 | 36.9 | 38.8 | 30.9 | 34.2 |
| 1989 | 34.6 | 34.4 | 38.1 | 38.3 | 29.6 | 34.9 |
| 1990 | 35.6 | 33.8 | 37.6 | 37.3 | 28.2 | 34.5 |
| 1991 | 34.0 | 33.3 | 37.9 | 36.6 | 26.8 | 33.9 |
| 1992 | 33.3 | 33.6 | 38.2 | 36.6 | 27.7 | 34.0 |
| 1993 | 33.4 | 33.6 | 37.8 | 36.9 | 29.9 | 34.2 |
| 1994 | 35.0 | 33.8 | 39.4 | 39.8 | 31.0 | 34.8 |
| 1995 | 36.0 | 33.5 | 39.7 | 42.5 | 31.5 | 35.0 |

注：コラム「資本の割合の測定」p.66を参照。
出所：OCDE［1996, p.A27］

再分配は直接的再分配より優れていることが認められるのである。

## 歴史的時間は政治的時間と対立するか

しかし、こうした歴史的な規則性の限界を過小評価してはならない。このような利潤の割合の規則性は、長期については印象的に現れるものの、短期ではふつう認められない。それは実際には中・長期の間でしか見出せない。この間は、当該する個人に対しては当然時間的に十分かけ離れているように思われる。例として、OECD諸国における一九七九年から一九九五年までの利潤と賃金の割合に関する変化を考えてみよう。

表9は、利潤／賃金の割当てが非常

に大きな変化の幅を持っていることを示している。一方で、賃金の割合は一九七〇年代に上昇する傾向にある。利潤は低下し、賃金が増大するテンポは続けて速まったのである。他方で利潤の割合は、今度は一九八〇年代から一九九〇年代にかけて上昇し、その度合はしばしばかなり大きかった。フランスは、これらの変化の幅が最も目立つほどに大きい国である。そこでは、賃金の割合は一九七〇年に六六・四％であったものの、その後は一九八一年に七一・八％になるまで上昇し続けた。ところがそれは、一九八二〜一九八三年から次第に低下し始め、一九九〇年に六二・四％、そして一九九五年には六〇・三％に至ったのである。このようにして、国民所得の五％以上が一九七〇年から一九八二年に資本から労働に向けて、次いで一九八三年から一九九五年に国民所得の一〇％以上が労働から資本に向けて、各々再分配された。こうした事態をどのように説明したらよいか。

我々は次のような過程をたどることができる。第一の時期は、賃金が大きく増加した時期とまさにぴったり一致する。この増加は、一九六八年のグルネル（Grenelle）の合意（訳注）によって開始されたものである。それはまた、社会運動と一九七〇年代の最低賃金の大きな要求によって続けられた。その増大は後に、一九八一年の全国産業一律最低賃金の設定に向けた大きな最後の「後押し」によって達成された。他方で、一九八三年に始まる第二の時期は、賃金の抑制政策、賃金の物価スライド

訳注——グルネルの合意は、一九六八年五月に、政府主導の下で、政府、労働組合、ならびに雇用者が集団交渉した結果生まれたものであり、これによって最低賃金が三五％引き上げられた。

制の終焉、ならびに最低賃金の最小限の要求で特徴づけられる。事実、ネットの平均賃金による購買力は一九六八年から一九八三年の間に五三％増大したものの、その後一九八三年から一九九五年の間にはたった八％増えたにすぎなかった［INSEE, 1996a, p.48］。GDPは一九七〇年から一九八三年の間に四四％成長した一方、それは一九八三年から一九九五年の間に二八％しか成長しなかった［INSEE, 1996c, p.34］。そして、このような成長によって得た資金は、年金や医療の支出負担の増大に当てられねばならなかった。しかしこのことは、国民所得の成長に対して賃金の成長を停止させるという代償を現実に払わせた。以上の点は確かである。言い換えるならば、この二五年間について、資本／労働の割当てに関する古典派の理論が予想したとおりに、すべてが機能したように思われる（前述参照）。利潤の割合は、社会的闘争によって賃金が大きく増加したときに低下し、それは賃金労働者に対して厳格さを課すときに上昇する。この後者はしかも、雇用をつくり出す約束を果たすことなしに現れる。

確かに、この二五年間に関する大きな変化の幅は、次のような事実を変えるものでは全然ない。それは、五〇年間あるいは一〇〇年間について、賃金は大ざっぱに言って、つねに企業の付加価値の三分の二を表していたという事実である。したがって、なぜ賃金の購買力が一九五〇年以降二五〇％増大し、一八七〇年以降では七〇〇％も増大したかを探る必要があるのは、資本／労働の割当てに関してではない。しかし、この二五年間を経験した賃金労働者にとって、このことはどれほど重要なのか。かれらは、一九六八年から一九八二年にその生活水準を大きく高めた一方、一九八三年から一九九五年にその水準は比較的停滞した。他方で、生み出される富は増え続けた。同時に、この停滞が一九九〇年代末に決定的に逆転すると予想させるものはもはや何もない。賃金労働者が、かれらの生活水準の上昇と、資本／労働の再分配を結びつけることができるのは当然である。右派のビジョンにしたがえば、資本／労働の再分配ではなく、唯一成長のみが生活水準を真に高めることができる（序論参照）。しかし、このビジョンは、次のような長期の歴史的期間の中でしか通用しない（前述参照）。その期間は、当該の賃金労働者に当然関係する政治的な期間という観点からは何の意味も持たないものである。

さらに、賃金労働者は、資本／労働の再分配を社会的闘争と賃金の増大に、したがって財政的再分配ではなく直接的再分配に結びつけることができるのは明らかである。事実、財政的再分配はいかなるものであっても、非常に短い期間に関して国民所得の一〇％を再分配させることは決してなかった。一九八一年にフランスで政権を取った社会主義政府の決定した財政的再分配の対策は、およその値を示せば、一九八一年に一〇〇億フラン以下［Nizet, 1990, p.402, 433］、つまり当時の国民所得の〇・三％ほどを表す程度であった！　ところが、それでも同政府は、政権の期間で右派により「租税の集中攻撃」の極致として公然と非難された。すなわち、それは基本的に大きな富に対する課税、および所得税の上位の部分に対する付加税などで示される。理論的には政府に対して、租税や財政資金移転を用いながら、より大きな規模の再分配を遂行することは何も禁じられていない。しかし現実には、こうしたことが、たんにそれほど短期の間で見られるものでは決してない。したがって再分配は第一に、社会的闘争と賃金の増大という観点で考えられ、また実際に体験されたのであり、租税改革や財政資金移転の観点でなされたのではない。この点は否定できない。さらに、おそらく財政的再分配とその価格のシステムのロジックに対する拒絶がある。租税に対する左派の懐疑主義を維持させたのは、こうした歴史的現実であった（前述参照）。我々は労働所得の不平等というテーマをめぐって、これと同じような現実的対立を、歴史的な時間と政治的な時間の間で見出すであろう（第三章参照）。

さらに、一五年間という期間をめぐって現れた、資本／労働の割当てに関するこうしたタイプの変化の幅は歴史的にはユニークなものではない。この点は、たとえフランスの社会的かつ政治的な歴史の特殊性が、一九七〇〜一九九〇年代にとりわけ際立っていたとしてもそうである。例えば、米国企業の付加価値に占める賃金の割合は、一八六九年と一八八〇年の間に約六五％から五五％に移行した。その後この値は、一八八五年に六五％へ、次いで一八九〇年に六六〜六八％へと非常に急速に上昇した。ところが平均賃金は、一八六九年と一八八〇年の間でたった二％しか増えなかった。その後、一八八〇年から一八八五年にそれは二七％以上増大した。この期間は、大ストライキと、とくに活発な労働組合運動で特徴づけられる［Duménil et Lévy, 1996, chap.16］。したがって、この一五年間の期間に関して、資本／労働の割当てに対する限界主義者のビジョンは、現実の社会とつき合わせてみれば、多くの場合、実に取るに足らないものである。このことは同じく、租税の帰着の問題と関連する。短期において、雇用者の社会保険料はふつう、雇用者自身により実際に支払われる。このことにより、そうした社会保険料は賃金の減少によって直ちに吸収されることなく支払われる。そこで、多くの人々が租税の帰着に遭遇するという予想を避けて通れない。この予想を立てるのはまさに、こうした現実のためである。この点は、たとえ我々が、長期において社会保険料は間違いなく、つねに労働所得によって支払われることで終了すると考えてもそうである。

**利潤の割合は、米国とイギリスでどうして増えないのか**　しかしながら、一九七〇年代から一九九〇年代の資本／労働の割当てに関する歴史は、それほど単純ではない。実際にフランスのケースは、イタリアでも見出される。そこでは利潤の割合が一九八三年の三四・五%から一九九五年の四二・五%に移行している。またドイツではその度合がわずかに減少しているものの、それは一九八一年の二八・二%から一九九五年の三六%に移っている。たとえこれらの事実を見ることができるとしても、次の点を確かめるのは驚くべきことであろう。それは、唯一米国とイギリスにおいて、一九八〇年から一九九〇年の間に利潤の割合が一般的に増えることは全くなかったように思われるという点である。米国の付加価値に占める賃金の割合は、一九八〇年から一九九〇年の長期間で六六%から六七%のあたりでずっと安定したままである。この点は同じく、イギリスの付加価値に占める賃金の割合が六八%から七一%あたりに落ち着いたままであることにも示されている（表9）。諸国間における利潤の割合の水準を、おおよそいかなる点で比較するかは難しい。それは、会計に関する数多くの因習の違いが見られるためである。しかしながら、諸国間におけるそうした割合の変化に関する相違は、疑う余地がない。資本所得の割合は、フランス、イタリア、ならびにドイツで付加価値のおよそ一〇%を勝ち取ってきた。他方で、その割合は米国とイギリスでは全く増えなかった。米国とイギリスで、一九七〇年代以降に賃金の不平等が非常に大きく進んだ点をはっきりと認めることができた（第一章参照）。しかし、このこととは正反対に、次の点を指摘できる。それは、一九八〇年代と一九九〇年代に超自由主義に支配されたこれらの国が、利潤の割合を高めていない唯一の国であったという点である。この事実をどのように説き明かせるであろうか。

この点を一面で説くのが、純粋なキャッチ・アップの現象であることに議論の余地はない。フランスでは、利潤の割合が一九七〇年代に付加価値の五%から六%ほど低下した。これは、非常に急速に賃金が増大したためである。他方で同様の現象は、イギリスではるかに控え目であったと同時に、米国では全然生じなかった（表8参照）。しかし、このことは必ずしもすべてを説き明かすものではない。フランスで利潤の割合は一九八五～一九八六年以降、一九七〇年の水準になっている点が見出せる。そしてこのことによって、その割合が増え続けるのを止めることはない。一方、その割合は米国やイギリスで安定したままである。

このような事実と並行して次の点、すなわち米国とイギリスのみがそうした期間に雇用をつくり出した二国であるという点を同時に触れないわけにはいかない。かれらはそれに応じて、賃金総額を増やすことに貢献した。他方で、賃金総額は他国で停滞した。一九八三年から一九九六年の間に、二五〇〇万人以上の雇用が米国でつくり出された。これはつまり、全体の雇用者数を約二五%（一億八〇万人から一億二六四〇万人の雇用に）増やしたことを示している。一方フランスでは、全体の雇用者数は二％足らずしか増えなかった（二一九〇万人から二二三〇万人へ）。しかも、米国とフランスのＧＤＰは共に約三〇％増大したのである［OCDE, 1996, p.A23］。そこには疑いなく、問題とされるべき最もよい証拠がある。それは、資本と労働に関して複数の結合が存在するため、この結合によって生産を同じ割合で増やすことができるという点である。したがって、それはまた、資本と労働の代替の機会がマクロ経済のレベルでかなり大きいためである。フランスにおける一九八三年から一九八六年の間の成長は、職能のある労働と新たな設備や機械を利用することで打ち立てられた。他方で米国の成長は、労働を集約的に用いること、とくにサービス（レストラン、商業…）におけるわずかしか職能のない労働をそのように用いることで支えられた［Piketty, 1997b］。このような解釈はさらに、企業の資本ストック（機械、設備…）の変化に関する利用可能な数値でも確認できる。それらの数値は、一九七〇年代から一九九〇年代に関してフランスや大部分の欧州諸国が、米国よりもはるかに急速に資本ストックを進展させたことを確信させる［FMI, 1996］。このことは同時に、資本／労働の代替が、セクター間（産業からサービスに向けた）の大きな再配置をどれほど引き起こすかを示している。しかもその際の代替は、たんに機械と労働者の間の、また企業あるいは個人のセクターのレベルにおける代替ではない（前述参照）。

最も単純に説明すれば次のようになるであろう。資本／労働の代替と雇用の創出は、フランスでは生じなかった。それは、賃金コストが非常に上昇したためである。この点は、一九六八年から一九八三年の間に賃金が非常に急速に増大したことに続いて起こった。これにより我々は、限界主義者の理論が示す効果の感じられる長期という期間が、当該個人に対して効果を期待できるものとそれほどかけ離れてはいないと想定するであろう（前述参照）。より低い賃金コストが、賃金の割合をより上昇させるように導くためには、しかしながら、雇用の創出効果が賃金の効果をもたらすこと、すなわち資本／労働の代替の弾力性が一を上回っていること（前述参照）、つまりそうした弾力性が通常の推計を上回っていることでなければならない（前述参照）。さらに、一九八三年から一九九六年の間に米国で、賃金労働者の平均の報酬が、ほとんど五％しか増えなかったという点は事実であるとしても、イギリスでそれは約二〇％も増大した。この点は、そうした報酬増がフランスで一二％以下であったことと対比されよう。そしてこのことはまた、イギリス全体の雇用者数を同期間に約一〇％増やすことを妨げるものではなかった［OCDE, 1996, A15, A19, A23］。したがってフランスは、一九八三〜一九九六年の期間に、すべての統計表に関して数値を低下させたように思われる。と言うのも、賃金と雇用が一度に停滞したからである。このことは、付加価値に占める労働所得の割合を異常なほど強く低下させた。

我々は、生み出される富に占める賃金総額の割合が、アングロ・サクソン諸国で一定のままなのに、フランスと欧州大陸ではどうして低いのかを、労働の平均コスト以外の二つの要因によって説明できる。第一の説明要因は、アングロ・サクソン諸国では職能の水準によって賃金コストの分散が次第に強まった点にある。唯一このことによって、一九八〇〜一九九〇年代に雇用を増やすことができた（第三章参照）。第二の説明要因は、労働所得が、所得と同じく雇用の安定性や保障という形態の下で、非貨幣的な構成要素を含んでいる点にある。この要素は、アングロ・サクソン諸国で減少する一方、フランスや大部分の欧州諸国では大きいままである（フランスと米国の比較に関しては Cohen et al.［1996］を参照）。そこで我々は、このような雇用の保障に対して支払う代価が、一九七〇年と一九九五年の間でどうして増えたのかを説明する必要がある。同時に、その代価を、確実に上昇する価値と比較しなければならないであろう。この価値は、当該の賃金労働者が雇用に与えるものである。

## 資本の割当ての発展

資本／労働の不平等が、これほど人々の関心を引き付けるのは、たんに資本が所得全体のうち大きな部分を取り出していることによるばかりではない。論者をいっそう驚かすことは、資本／労働の不平等が多くの場合、昔から再生産されるか、あるいは拡大している点である。さらに、資本が一定の時点で所得の大きな割合をつねに受け取るという事実がある。それでも資本／労働の不平等を裁量的で無益なものとして、また矛盾したものとして出現させたのは、それが昔から再生産されたことにこそある。そうした不平等をそのようなものとみなすのは、たんに社会的公正に関する常識によるだけではなく、経済効率に関する常識にもよる。資本の面でそれほど富んでいないような人々の両親あるいは国から、まさにかれらの能力にふさわしい投資の可能性をどうして奪ってしまうのか。言い換えるならば、資本／労働の不平等は直ちに、効率的な再分配は存在するのかという問題を投げかける。それは、たんなる純粋な再分配の存在の問題だけではない。したがって我々は、所得の生産要素ごとの割当て、すなわち、資本と労働から成る生産の二つの要素間における所得全体のマクロ経済的な割当てに関する研究から、所得の個人的な割当てに関する研究に、つまり労働者と資本家、ならびにかれらに提供される投資の可能性に関する研究に移行しなければならない。市場経済のロジックが昔から、資本の割当てに関する不平等を無駄に再生産するように導いたことは確かであろうか。このような現象に対して、我々はどのような手段で闘えるであろうか。

## 完全な信用と収斂の理論

ここで再び、複数の理論が相対立する。中心となる問題は、信用市場の問題である。実際に、もしも信用市場が完全に効率的であれば、すなわち、もしも資本が毎回、収益のある投資として投じられるのであれば、資本の割当てに関する当初の不平等は次第に薄れてなくなるであろう。出自ないし国家における当初の富がどのようなものであれ、同じように参入する労働の単位はすべて同じ投資を実現できる。これは、信用市場のおかげである。そこで、このような当初から資本に与えられた不平等はなくなるであろう。確かに、たとえ信用市場が完全であったとしても、投資のために借入を行う貧しい個人あるいは国家は、その借入を返済するであろう。したがってかれらは、その貯蓄をもってしては、かれらの債権者が保有する資産の水準に直ちに追いつくことができない。事実、もしも低所得者の貯蓄率が高所得者の貯蓄率よりも十分に低ければ、こうした借り手と貸し手の間の不平等は無限に存続するであろう［Bourguignon, 1981］。国際的次元においては、このことは次のような状況、すなわち一人当たりの国内総生産がすべての国で同じであるという状況に相当する。なぜなら、労働者一人当たりの同量の資本が、どこにでも投資されるからである。しかしそこでは、貧困国の国民的生産はより劣っている。かれらの資本は、富裕国によって保有されており、そして毎年、貧困国は国内での所得から、利潤の一部を富裕国に支払わねばならない。しかし、もしも借り手の貯蓄率が貸し手の貯蓄率と同じであるか、あるいは両者の違いがそれほど大きくないのであれば、そのとき借り手は労働の果実を次第に蓄積できるであろうし、また借りる金額もますます減らせるであろう。さらに、かれらの貸し手にキャッチ・アップすることによって借入を終えられるであろう。実際に貯蓄率は、高所得国よりも低所得国に関してシステマチックにより低いわけではない。一九五〇～一九六〇年代に、アジアの「ドラゴン（訳注）」に関して貯蓄率は三〇％を上回っていた。他方で、一九八〇～一九九〇年代のかれらよりもはるかに裕福な先進諸国において、貯蓄率はどこでも一〇％から一五％を下回るほどのものであった。そしてこのことによってまさしく、アジアのドラゴンは富裕国にキャッチ・アップできたのである［Young, 1995］。

訳注――アジアのドラゴンは四竜とも呼ばれ、韓国、台湾、香港、ならびにシンガポールの四ヵ国を指す。かれらは一般に、一九六〇年代以降に急速な高度成長を果たしたことで知られる。

このような、富裕国と貧困国の間の収斂の結果は、成長と資本蓄積の伝統的モデルにおける主たる前提となっている［Solow, 1956］。こうした結果を生むことができるような完全な信用モデルは、何によって正しいとみなすことができるであろうか。市場の力を信じる人々にとって、その答えは簡単である。それは競争のゲームである。実際に、資本主義国の銀行あるいは富裕者が、収益のある投資プロジェクトを持った人に貸そうとすることは疑いない。と言うのも、それによって投資家は満足のいく利子を我がものとすることができるはずだからである。もしも貧困国の問題が、かれらの使える機械と設備はほんのわずかしかないという点にあるとすれば、新たな投資はかれらの生産をかなり増やすことができる。富裕国の貯蓄が、このような収益を得られるのは言うまでもない。また、ある人々はためらい引っ込み思案になったとしても、他の人々は競争に晒された場から、かれらの代わりに豊かになるために利益を得ることができるのは確かである。ここには、貯蓄者と金融仲介者の間の競争がある。それは、可能な限り最も収益のある投資を見出すためであり、したがってそれは、こうした収益を提供できるすべての企業家に資金を貸し付けるためである。以上のようなことが、完全な信用モデルを規定することになる。その結果、直ちに次の点が示される。それは、唯一純粋な社会的公正を考えることによって、資本を最もよく与えられている個人から資本をそれほど与えられていない個人に再分配することを正当化できるという点である。資本の割当てに関する不平等はそれ自体、経済的に効率的でないということをいっさい問わない。と言うのも、市場は利用可能な資本を投資し、また効率的な仕方で生産を組織することに責務を負っているからである（パレートの意味で。序論参照）。それゆえ、生産過程に対する直接的な介入は何も求められないのである。

## 富裕国と貧困国の間の収斂の問題

収斂のモデルは、国際的な不平等のレベルに関してとくに驚くべき予想に導く。理論的な予想は次のように描かれる。もしも投資の能力が、各国毎にシステマチックに変わることがないとすれば、我々はグローバル・レベルで、キャッチ・アップの現象を確認できる。一国が当初、貧しい国であればあるほど、かれらに対してよりいっそうの資本が投下されるであろう。したがってかれらの成長率はより上昇するであろう。その結果、国際的な不平等は消失する前に否応なく減少するであろう。実際はどうであろうか。

一九六〇年の一国の一人当たり所得水準と、一九六〇〜一九九〇年の期間に関する平均の成長率との関係を見ると、以上のような予想はとうてい確認できないように思われる。これらの二つの変数の間で、何のシステマチックな関係も認められない［Mankiw et al., 1992, p.427］。台湾、韓国あるいはシンガポールのような、一九六〇年には比較的貧しかったアジアの諸国は明らかに、かれらの平均所得の成長を先進諸国のそれよりはるかに高めた。しかし、アジア大陸のインド南部ないしはサハラ以南のアフリカ諸国のように、一九六〇年に貧困であった他の国々は、平均で非常にわずかであるか、もしくはマイナスの成長を経験した。収斂のモデルは、先進諸国自体の間のキャッチ・アップを述べるうえでよく当てはまる。例えばそれは、西欧諸国が第二次世界大戦後に米国との差を縮めたこと、あるいはさらに、先進諸国と中間的な所得の発展段階にあるアジア諸国との間のキャッチ・アップを示す。これに反して、収斂のモデルは富裕国と最貧国の間には全く当てはまらないし、また富裕国と中間的な所得の発展段階にある南米諸国との間でもそうである。そこでの所得格差は正反対に、深められる傾向を表した。同様の結論は、より長期の期間に関して真に当てはまるであろう。この点は例えば、もしも我々が一九世紀以降の先進諸国と発展途上諸国の間の所得格差を正しく測ることができれば確かめられる［Morrisson, 1996, p.181］。事実、富裕国から貧困国に向けて大した投資が行われなかっただけではない。そこで生じたことはまた、その逆であった。我々は一般に、最貧国から最富裕国に資本が平均して純流出した姿を見ることができる［Lucas, 1990b］。資本家の資本が貧しい国から富裕な国へ流出したことは、反対の方向に進む投資を上回っていたのである！

資本が貧しい国々に投資されていないこと、またそうした国々が貧しいままであるという事実は、次の点を必ずしも意味しない。それは、唯一信用市場の不完全性にその責任があるという点である。例えば、もしも我々が一九六〇年における「人的資本の当初のストック」（上級の教育において読み書きを教えられ、学校教育を受けた人々などの割合〈%〉）の水準を考慮すれば、そこでは、一九六〇年の当初の平均所得と、一九六〇年から一九九〇年の間における平均の成長率との間で、ネガティブな関係を実際に見ることができる。当初に与えられた人的資本の水準で、一九六〇年に最も貧しかった国々はより高い成長を経験した。このことは、内生的な成長を唱える理論家が「条件付きの」収斂と称したものである。それは、ソローの伝統的なモデル［Mankiw et al., 1992］が予想するような、貧困国と富裕国の間の「無条件の」収斂に反対することで示された。例えば、一九六〇年にアジアの将来の「ドラゴン」諸国と同じ平均所得を持っていた南米諸国で、当初の人的資本のストックは非常に劣っていた。これはとくに、人口の大きな部分の階層が全く世間並みではないままにされていたためである。この点は、アジア諸国と正反対である。かれらはつねに、それほど不平等ではなかった。また南米諸国の成長は、はるかに低かった一方、アジアのドラゴン諸国は先進諸国にキャッチ・アップした。人的資本の平均水準の効果とは別に、その当初の不平等は同じく、将来の成長に対してマイナスの効果を与えた。これは、直接的にせよ間接的にせよそうである。そしてこのことは、社会的かつ政治的な不安定性によって生み出されたのである［Benabou, 1996］。

アジアのドラゴンの経験によるもう一つの教訓は、グローバル市場への統合の重要性である。このような奇跡的な秘訣、すなわち一方で、人的資本に対して、大きくかつまた比較的等しい投資を行い、他方で経済の自由化と対外的な市場開放を行うことは、アジア諸国において一九八〇年代から一九九〇年代の間に広がったように思われる。インドでは、自由化の成功が中国よりもいっそう限られた。しかしこのことこそが、決定的に重要な第一の要素、すなわち人的資本への平等な投資、および対外市場への経済の自由化と開放の重要性を思い起こさせる。こうしたことがないままに自由化も市場も、それだけに任せておけば、永続的な成長をもたらすことはできない。［Drèze et Sen, 1995］。このような平等主義的な教育の政策は疑いなく、効率的な再分配に関するより基本的な例を成している（第三章参照）。

さらに、ロバート・ルーカス（Robert Lucas）［1990b］が計算したように、もしも米国とインドの間の平均所得の違いが唯一、機械や設備などの付与の違いによって説き明かされるのであれば、次のように結論しなければならないであろう。すなわち、インドに投資される追加的な資本一単位当たりの限界生産性は、米国に投資される同じ資本一単位当たりの限界生産性を五八倍も上回る！インドに投資された資本に関するこの種の収益を考えると、我々には以下の点がよくわからない。それは、先進国の資本が収益の一部を我がものとするようにはならないことを、信用市場の不完全性によってどれほど十分に説明できるかという点である。したがって、確かな事実をよく認識しなければならない。すなわち、富裕国と貧困国の間の不平等、さらには一般的な不平等の本質的な部分は、生産手段の不均等な割当てによるのではなく、人的資本の不均等な割当てによる。インドの人口の約五〇％が非識字者であるという事実は確かに、インドに投資される追加的な資本一単位の収益を大きく減少させるに違いない［Drèze et Sen, 1995, tabl.A1］。

## 資本市場の不完全性の問題

しかし、その他の要素が同じように本質的な役割を演じると認識することは、富裕国と貧困国の間の資本フローが問題にならないことを意味しない。さらに、富裕国から貧困国に向けた資本の大きな流れがないことによって、我々は同じく、資本の一般的な国際的フローが慢性的に減少している点を思い起こす。例えば先進諸国の間で、利用可能な国民的貯蓄の年々の量と、実際に実現される国民的投資の年々の量は密接に結びついている。金融市場が諸国間で統合されているとは思えない。以上のことは、この点をはるかに超えて現れている。そうした統合は原則的に、国民的貯蓄と国民的投資を非常に大きく分断することができるからである。

実際に、完全な信用市場のモデルを暗黙のうちに想定していることとは反対に、信用の機能はたんに、資本のないところに資本を機械的に投下し、またその収益を期待してそこから満足のいく分を取り出すということから成るのではない。現実には、次のようなこともまた確信しなければならない。それは、投資のプロジェクトが収益性と受け入れ可能なリスクを抱えているということである。そしてこのことはもちろん、借り手がつねに主張したい点である。すなわち、我々は実現される収益のうち大きな部分をまさに取り出そうとするにもかかわらず、次の点を確認しなければならない。それは、借り手が長期にわたって投資を成功させねばならないという意欲を十分に持っている点である。最終的に、いったん利益が生み出されると、借り手がどこか遠くへ姿をくらますことはない点を確証しなければならない。これらのすべての意欲に関する諸問題は、経済学者により「逆選択」(訳注)や「モラル・ハザード」と命名されている。それらは、異時点間市場に関するすべての

訳注――逆選択は、統計的かつ経済的な現象で、とくに保険とリスク管理の領域において重要な役割を持っている。これによって市場の供給は、それが望むものとは逆の効果を生んでしまう。それは、情報の非対称性による市場の失敗を示している。例えば、生命保険を最も欲する顧客ほど保険会社は一番避けたい顧客になる。

状況と不可避的に結びつく。つまり、それらが、取引が複数の時期で展開されるすべての市場と結びつくのは避けられない。この点はまず、信用市場によって開始される。そして我々は、この点を社会保障の分析において再び見出すであろう（第四章）。これらの困難はとくに、国際市場のケースに関して大きい。と言うのも、潜在的な借り手と、他の諸国で実現しようとする投資プロジェクトに関する情報の質がとりわけ劣っているからである。このことは、資本の国際的フローを極度に低めている点を説き明かす。

これらの情報に関する諸問題が、すべて（市場と国家）に課される点を考えると、競争のゲームは、それらの問題をそれほど悪くない仕方で解消できるであろうか。現実に貸し手に対して、かれらの投資を真に確証させられる唯一のことは、借り手に対して担保を設定するように求めること、あるいは同じことになるが、借り手が当初の自己資本によって投資の費用の一部を賄うことである。こうして借り手は貸し手に対し、投資プロジェクトが実現されることに対して、信ずるに足るほどの約束を与えることになる。だから、個人ないし企業が、一定の投資の費用を賄うのにえられる信用量は、実際に借り手が大きな自己資本を利用すればそれだけより大きくなるのである。言い換えるならば、我々は「富裕者にしか貸し付けない」。この現象は、貸し手の観点からは効率的である。しかし、社会全体に対しては効率的でない。もしも資本を、すべての投資が収益を生めるように再分配するのであれば、全体の所得をより増やすことができるであろう。信用市場の不完全性は、市場の不完全性の典型例である。この不完全性によって再分配を正当化できる。それは、たんに純粋な社会的公正だけでなく経済効率を考えることで示される。原則的に、より平等な分配の機会をまさに取得することで、資源配分の効率を改善することができるのである（序論参照）。

以下の点は非常にはっきりしている。資本主義に関する数多くの批判的な論者は、一九世紀の社会主義理論家によって開始されたように、こうした信用割当て（訳注）という現象に、非常に長期にわたって気づいているという点である。この点は、たとえそうした現象が極めて明白なために、かれらが、一般的にそれを分析し、またそれを命名することさえも免れたとしてもそうである。しかしながら、経済理論家は一九七〇年代から一九八〇年代以降になって初めて、このような資本市場の不完全性の根拠と、それが再分配に及ぼす諸結果をはっきりと分析し始めた［Piketty, 1994, p.774-779］。この再分配に及ぼす諸結果は実際に、資本の再分配が所得全体を増大させるという事実に限られない。例えば当初の富は、一面では諸個人（就業中の賃金労働者、自営の企業家…）の活動の選択を決定できる。これは、信用割当てに直面して行われる。その結果、富の当初の再分配は、職業上の構造（賃金労働者の割合〈%〉、自営農業者の割合〈%〉…）とその発展に対して長期的な諸々の影響を及ぼすことができる。この点は、イギリスの産業革命時における不平等な分配と比べ、フランス革命から引き継いだ比較的平等な分配の例が示すとおりである［Banerjee et Newman, 1993］。

訳注――信用割当ては、信用需要があるにもかかわらず、貸出金利が調整されないために借り手側に需要が満たされないまま残ってしまうことを示している。

**公的介入の可能性**　信用割当てという現象、およびそうした現象から生み出される資本／労働の不平等は、昔から続けて存在した。これに対して、いかなるタイプの公的介入が対抗できるであろうか。可能な介入がぶつかる主たる問題は、信用割当てを発生させる問題と同じである。投資はたんに、資本がないところに資本を投下することから成るのではない。これと同じように、投資しなければならないセクター、生産する財、決定を委任しなければならない人々などの複雑な選択を行う必要がある。ここでは、次のような根本的な解決、すなわち、資本の私的所有を廃止すると共に、生産手段の集団的所有を宣言するという解決は明らかに困難である。しかも以上のようなことは、優遇や割当てに関する諸問題を解決させるメカニズムを少しも示していない。しかし、同様の困難はまた、その他の効率的な再分配手段に対しても現れる。それらの手段は、公的な銀行、助成金を付けている貸付、あるいは貧困国のケースにおける開発銀行のように、歴史的に経験されてきた。実際に、信用割当ての理論は我々に次のように語る。すなわち、公的な銀行が民間の銀行と同じく、資本が正しく投資されることを確証するのは難しい。この点は、借り手の不確定な利益から、市場利子率と同等のものを取り出すことが問題になる時点からそうである。また、市場利子率よりも少ない利益を取り出すことで、借り手に助成金を与えることも問題となる。このことは多くの場合明示的ではないが、公的な銀行や他の助成金を与えられた信用に関するケースである。他方で次の点は明らかでない。それは、公的な行政機関が、それ自体は好意的であるものの、しかしながらいかなる借り手が助成金を受け取るべきか、またいかなるセクターが追加的な投資を正当とみなせるかなどを、正しく決定できるかどうかという点である。これらの非常に現実的な困難は、富裕国がその富を貧困国に資金を移転させたいと願うごとに現れる。誰に国際的援助を与えるか。そうした援助による資金がうまく使われるかをいかに確証するか。資本の再分配は資本のストックを、それがないところにヘリコプターで降ろすようなことにあるわけではない。実際に、資本の支給を諸国間で不平等に再分配することのほうが、はるかにより易しい。これは労働者を、資本がより支給されている国々に向けて移動させることで行われる。そしてこのことは、資本がそれほど支給されていない国に向けて資本を移転することよりもむしろよく実施されるのである。労働者は、統合されることがわかっているし、またかれらは、生産過程の中に一人で居場所を見出すこともわかっている。これらの点は資本と違うところである。

事実、信用を管理することが、経験的にすべて成功したとは考えられない。開発銀行の経験では、その大部分が、融資した資金のかなりを浪費してしまった結果となっている。この点は、投資と生産に対する結果が必ずしもつねに目に見えて確かでなくてもそうである。先進諸国において、企業に対する助成金の付いた貸付と公的な信用の乗数メカニズムは、一般的に疑いの的となっている。これは、少なくとも一九八〇～一九九〇年代以降にそうである。

資本の直接的再分配が、目に見える形で成功した唯一の領域は農業である。例えば、伝統的な銀行システムから排除された田舎の貧しい世帯に対する貸付に特化した一定の開発銀行がある。それは、バングラデシュのグラミーン（Grameen）銀行のように、何百万人の農民が一九六〇年代以降、必要な生産設備を整え、かれらの生産性を高められるようにした。こうした開発銀行は、世界全体で同じような経験を引き起こした。農業の諸改革は土地の再分配か、あるいは少なくとも貧しい農民に対し、かれらの賃貸借の保障を確かにすることをねらったものである。それらは多くの場合、ベンガルの例に見られるように、生産性を大きく高めることができた［Banerjee et Ghatak, 1995］。

これらの生産性の強い上昇は、資本市場の不完全性の重要性を示している。完全な信用市場は農民に対して、かれらが土地の所有者になり、これによって生産性の利益を実現できるために信用を供与すべきということになるであろう。問題は以下のようにはっきりとしている。それは、もしも農民のモチベーションが、借入に対する返済の見通しによって低下するならば、これらの生産性の利益が実現される可能性はないということである。唯一、再分配によって農民のモチベーションとかれらの生産性を改善することができる。これらの経験は同様に、ソビエト連邦のシステムにおける土地の集団化によって最終的にひどい結果になった点と比較するのにふさわしい。資本の私的所有分を再分配することが、農業においてよく機能するという事実は、容易に理解できる。と言うのも、投資の割当てに関する困難な諸問題が、この農業セクターでは、最低限の問題に単純化されるからである。各農民に適切な土地を与えることで十分である。それは、かれらが自身の土地（あるいは集団的農地）の所有を支配することで、生産とイノベーションに対するモチベーションをいっそう高められることを目的としている。

**資本に対するフラット税**　したがって信用割当てが存在するときに、資本を効率的に再分配するためには、できる限り透明で普遍的な手段を見出さなければならない。これは、管理された信用の罠を避けるためである。歴史的に、所得と相続財産に対して累進税を設けることが、資本の集中を低下させるのに大いに貢献した（第一章参照）。より一般的に、我々は資産に対する全般的な税金を課すことができる。これにより、資産に対する見積課税で資金移転の費用を賄うことができる。この資金移転は、大人の年齢に達した各市民に与えられるある種の投資小切手である。またそうした税金により、各人に対して借入と、いっそう利益を生むと思われるところへの投資を自由に行わせることができる。明らかに、このような永続的な富の再分配はコストになるであろう。なぜかと言えば、この再分配が資産の将来の蓄積をくじくのは避けられないからである。しかし、これらのコストは、収益を生む投資の資金を賄うことで得られる利益と比べられねばならない。そうした投資は、この再分配がなければ行われなかったであろうものである。伝統的な議論によれば、資本蓄積が長期で減少するコストは資本に対する課税で生み出されるが、そうしたコストはつねに、それを取り去ることで消滅する。しかし、こうした議論は、資本市場が不完全である以上、機械的に通用するものではないかもしれない［Chamley, 1996］。それゆえすべては、収益を生む投資の量的な大きさにかかっている。そしてこの投資の資金は、資本市場の不完全性のゆえに賄われない。すべての資産に対し一％の税率か、あるいはより大きな五％の税率か、さらには〇・一％の税率を課すべきか。議論をいっそう進めるためには、収益を生むが資金の融資はされないような投資の量に関して、信頼のおける推計を準備しなければならないであろう。このことを測るのは非常に難しい。さらに、市民戦争の風潮がある。それは、次のような二つの考えを持つ人々の間で広く行き渡ってきた。すなわち、一方で完全な信用市場を熱狂的に支持する人々がいる。かれらにとって資本の不平等な割当ては、効率の問題を何も引き起こさない。他方で、資本主義に対するラディカルな批判者がいる。かれらにとっては唯一、私的所有の廃絶のみが真に問題を解決できる。しかしながら、このような二つの考えを持つ人々の間で行われた市民戦争は、そうした中心的な問題に対する認識を大して深めようとはしなかったのである。

以上のことを要約するうえで、我々はそれゆえ次のように考えよう。それは、資本とその所得に対する再分配的で透明な課税は、必ずやうまくいくという点である。この点は、純粋な社会的公正の観点からそう言える。そしてこのことは、雇用者の社会保険料というつくり話を乗り越えるような、資本／労働に関する真の再分配を遂行するためである（前述参照）。あるいはまた、そうした徴税は、経済効率の観点からもうまくいく。それは、資本市場の不完全性によるマイナスの効果と闘うためでもある。現実には、二〇世紀における資本／労働の再分配を総括すれば、それはひどいものであった。このことは、資本の私的所有を廃絶しようとした国々においてだけではない。そこでは、賃金労働者の生活条件が停滞した。一方、生活条件は資本主義諸国で進歩のテンポを速めた。しかし、同様に先進諸国においても、資本に対して真に課された税金の徴収は極めてわずかであった（前述参照）。このひどい総括は、再分配の手段に関する問題の重要性を示している。再分配を願うだけでは十分でない。さらに適切な手段を用いなければならない。資本所得に対して課税することは客観的に困難である。ふつう、そうした所得を観察することは非常に難しい。それは、資金の運用とその移動に関する形態の多様性のためである。そうした困難と同様に過去の経験は、できるだけ単純な仕方で計算される租税を課すことにより、はっきりとした改善が得られることを示唆している。このことは、実際に観察される税金の査定対象の劇的な喪失を終わらせるためである（前述参照）。また、そうした租税は、できるだけ広い地理的範囲ですべての資本所得に適用される。それはまた、諸国間の財政競争によるマイナスの効果を避けるためでもある（前述参照）。このような手段、すなわちフラット税（単一の税率を持った普遍的な租税）が、労働所得の財政的再分配に適用されないことは疑いない。この再分配は、より大きな自由度を求めるし、またそれを認めるものである（第四章参照）。しかしそれは、資本所得の現代における実状によく適している。

資産の割当てに関する最近の変化は、世界のより大きな資産の増大という事実を伴っている。そうした資産は、一九八七～二〇一三年の期間における資産と所得の平均よりも三倍以上より急速に増えた（平均の成長率が年に一・五％から二％に対して、年に六％から七％）。しかしこうした変化は、唯一資本に対する累進税こそが、このような不平等の発展を規制できるのみならず、またそれらの変化に関して、民主的で統計的ないっそうの透明性をも生み出すことができる点を示しているのである［Piketty, 2013, chap.12］。最近になって、次のような諸変化が確認された。それは、所得に比べた資産の全般的な大きさと、「資産の社会」という新しい社会の出現である。その意味でこうした変化により、我々は先に見た点を同じように主張できる［Piketty, 2011 ; Piketty et Saez, 2013 ; Piketty et Zucman, 2014］。

# 第三章　労働所得の不平等

非常に不均等に割当てられる資本所得に対して、労働所得は均等のものとみなされる。この両者の相反が、不平等に関する分析を大いに特徴づけている。しかし、たとえそうであったとしても、次のような事実がある。それは、所得の不平等に関する最も大きな部分は今日、また疑いなく非常に長期にわたって、労働所得自体の不平等によって説かれるという点である（第一章参照）。例えば、クズネッツ曲線が反転した原因は、労働所得の不平等の増大にある。この反転は一九七〇年代以降、米国で確認された。それはとくに、それほどよく支払われていない一〇％の労働者と、よく支払われている一〇％の労働者との間の賃金格差が、約五〇％拡大したことで示される。もしも我々が、不平等をそれが存在しているとおりに、また再分配をそれが存在できるとおりに理解したいのであれば、それゆえ次のような世界に関する考えを捨てなければならない。その世界では、労働が均質のものと想定されていると共に、資本／労働の不平等が唯一支配的である。そこで我々は今、労働所得の不平等が形成されたことを分析しなければならない。こうした分折は、新たな再分配の手段を問題とする。資本の私的所有権を廃棄しなければならないか、また利潤に課税すべきか、あるいは資産を再分配しなければならないかを知ることは、もはや重要ではない。労働所得の不平等に対して適用される手段は、次のような他の表現でも示される。それらは、高賃金に対する課税と低賃金に対する財政資金移転、教育と職業教育の政策、最低賃金、雇用者側の差別に対する闘い、給与表、労働組合の役割などである。これらの手段のうち、いずれが最も正しいものとみなされるか。ある手段が他のものよりも正しいとみなすために、あるいはさらにしばしば、それらを拒絶するために、いかなる議論が提起されるか、そしてそれらの議論をいかに評価するか。

## 賃金の不平等と人的資本の不平等

賃金の不平等を説き明かす最も単純な理論は、異なる賃金労働者が、かれらの企業の生産に対して異なる貢献を果たすというものである。情報処理技術者はかれらの企業に対して、顧客のすべての情報をコンピューターで処理すると共に、それらの情報をより信頼のおける仕方で、かつまたより迅速な仕方で扱うことができる。そこでかれらは、日々一定数の書類の扱いをオフィス・ワークに加える被雇用者よりも、いっそうの収益を雇用者にもたらす。これがゆえに、企業は情報処理技術者に対してより高い賃金を支払う。さもないと他の企業が、かれらを引き抜いてしまうからである。人的資本の理論が長い間、反感を買ってきた点は、疑いなく以下のような事実から説明できる。情報処理技術者の人的資本、したがってその生産性はより高いので、かれらの賃金はオフィス・

ワーカーのそれよりもいっそう高い。誰かがこう頭ごなしに決めつけるならば、我々は次のような点を疑うであろう。こうした人的資本の不平等は、二種類の人間の間で直すことができないような、また乗り越えることができないような不平等を機械的に測ることであり、またそうした不平等は、賃金の不平等が意味する生活条件の、場合によってはかなり大きな不平等を正当化できる。我々は、このように想定することを疑うのである。こうした疑いはしかも、全く根拠がないわけではない。なぜなら、実際に超自由主義者として知られるシカゴ大学のゲーリー・ベッカー（Gary Becker）とその同僚が、これに関する理論を発展し普及させるに至ったからである［Becker, 1964］。これらの経済学者が、賃金の不平等を個人の生産性の不平等で説き明かすことで済まさないことは確かである。かれらはとくに、人的資本の不平等の形成とその要因に関する理論を提示した。それは、野心的なすべての公的介入を拒絶するように展開したのである。

そうとは言え、これらの異なる諸問題を分けて検討することは有効であろう。このことは、高賃金と低賃金の間の所得移転で生じる純粋な再分配の問題と、人的資本の形成過程に対する公的介入で生じる効率的な再分配の問題とを区別するためである。この区別は、序論で提示されたものにしたがうものである。我々はそれゆえ、個人の人的資本の水準に基づく不平等を所与のものとして捉えることから始めるであろう。このような、賃金の不平等を生産性の純粋な不平等とみなす理論によって、実際に観察される賃金の不平等を十分に説き明かせるであろうか。賃金の不平等が生み出す生活水準の不平等を最も効率的に是正する方法について、この理論は何を示しているであろうか。

我々は次いで、人的資本の形成の問題に集中するであろう。人的資本の不平等はどこから生じるのか、また、いかなる効率的な再分配手段によって、この不平等を修正できるであろうか。

## 人的資本の理論の説得力

人的資本の理論は、最も基本的な形で、すなわち、この不平等の起源に関する問題を無視する形で、たんに次のように語るだけである。労働は、同等のものとして存在しているのではない。また異なる個人は、ありとあらゆる理由により人的資本の異なる水準で、つまり消費者が求める財やサービスの生産に対して異なる能力で貢献する。かれらはこのことによって特徴づけられる。人々の人的資本の異なる水準による割当て（労働の供給）、および生産を可能とする異なるタイプの財や人的資本に対する要求（労働の需要）から考えると、供給と需要のゲームが、人的資本の異なる水準と結びついた賃金、したがって賃金の不平等を決定する。人的資本の概念はそれゆえ、非常に一般的である。と言うのも、この概念は本来の意味での職能（卒業資格…）、経験、ならびにより一般的に、すべての個人の特性を含んでいるからである。そして、それらの個人の特性は、需要される財とサービスの生産過程に統合されるような能力にインパクトを与える。果たして、このような理論により、企業が実際に支払う労働所得の不平等を説き明かせるであろうか。

**歴史的に大きな不平等**　賃金の非常に大きな不平等は、時と場所で異なるように見られる。そこで、もしもそうした不平等を一般的なレベルで説明しようとすれば、人的資本の理論を避けて通ることはできないように思われる。先進諸国で、一九九〇年の平均賃金が一八七〇年のそれより一〇倍も上回っているという事実（第一章参照）は、次のような点によってしか理解できない。それは、職能と労働の習熟の進歩によって、賃金労働者が一九九〇年に、一八七〇年よりも一〇倍も多く生産できたという点である。そもそも、これに代わるような説明はできるであろうか。なぜなら我々は、企業の付加価値に占める賃金の割合が、一九九〇年と一八七〇年で同じであったこと、したがってまた、賃金の増大は長期に関して言えば、利潤の割合が低下したことの結果ではなかったという点を見たからである（第二章参照）。長期に関して賃金労働者の購買力を著しく高めることができたのは、労働生産性が上昇したためであることに議論の余地はない。

同じく、もしも我々が、発展途上国の賃金労働者の平均購買力が先進国におけるものよりも一〇倍低いという事実を説明しようとすれば、それは次のようになる。北の賃金労働者のとてつもなく多くの人が中等教育を受けているのに対し、南の賃金労働者の五〇％以上は依然として読み書きができない。この両者の格差が、そうした購買力の差に対して本質的な役割を演じているに違いない（第二章参照）。我々はこのように理解した。その他の諸要因、例えば信用市場の不完全性が、南の賃金労働者から十分に大きな投資を奪っていること、同じく国境の封鎖が、北の増大する実物資本と人的資本から利益を受けるのを妨げていることなどの要因は、こうした不平等をさらに少しだけ悪化させる。しかし、労働生産性のかなり大きな不平等は、北／南の賃金の不平等を説明するうえで依然として避けることのできない説明要因である。

**供給と需要のゲーム**　人的資本の理論は同様に、それほど大きくない不平等だけでなく、一定の国の規模で、より短期の驚くほどの不平等を理解するのにも必要不可欠である。例えば、職能のある労働者の平均賃金の、職能のない労働者の平均賃金に対する比率は、イギリスで一八一五年に二・四であった。その後、この比率は次第に上昇し、一八五一年には三・八に達する。そして非常に継続的に、一九一一年には二・五にまで下落した［Williamson, 1985］。このような賃金格差が一九世紀の半ばにおいて、同世紀の両端の時期よりも約六〇％以上高まったことをいかに説明したらよいか。最も説得力のある説明は次のようなものであり、それは他の資料で確認されている。一九世紀の前半に工業の機械化が進み、このことが職能のある労働者に対する需要を高めた。他方で、同時期に田舎からの非常に大きな人口流出が見られた。これは農業生産性の上昇によるものであった。そこで、そうした人口流出は逆に、職能のない労働者の供給を非常に急速に高めた。以上のような賃金格差は、その結果であった。ところが、一九世紀の後半になると、田舎から流れてくる職能のない労働者の供給は安定する。一方、職業訓練や職能の進歩は、職能のある労働者の数を大きく増やすように導いた。これにより、職能のある労働者と職能のない労働者の賃金格差は縮小したのである。同じように、規模はより小さいものではあるが、我々は米国で次の点を見ることができる。それは、高校の水準〈フランスのバカロレア〈大学入学資格〉の水準〉で教育を止めた賃金労働者の平均賃金と、高校以上の教育を受けた賃金労働者の平均賃金の格差が、一九七〇年と一九八〇年の間に約一五％減少した後に、一九八〇年と一九九〇年の間に今度は二五％以上増大したという点である［Murphy et Welch, 1993, p.106］。このような一九七〇年代における賃金格差の減少は、それが、賃金の不平等の増大が一般的であったという状況の中で生じたことを考えると、いっそう目立っている。ところが、高校以上の教育を受けた賃金労働者の数が増大した割合は、一九七〇年代に歴史的に見てより高い水準に達していた。これは、ベビー・ブーム世代が大規模に大学卒業資格を持ったためである。その後、そうした割合は一九八〇年代にはっきりと低下した。

これらの二つの例は重要である。と言うのは、この程度の賃金格差の逆転でも、比較的わずかしか見られないからである。こうした二つのケースにおいて、人的資本の異なる水準に対する供給と需要のゲームが、以下の点を比較的納得のいく仕方で説明できるように思われる。それは、企業の支払う労働所得の不平等が、どうして目に見える形で進展したかという点である。

**一九七〇年以降の賃金の不平等の増大**　人的資本の異なる水準に対する供給と需要のゲームは同じように、一九七〇年以降の複数の先進国において見られた賃金の不平等の全般的な拡大、またより一般的には雇用に対する不平等の拡大も、申し分なく説明できるであろうか（第一章参照）。こうした賃金の不平等が突如高まったことを考えるために、数多くの論者は、長期に関する人的資本の供給と需要が変化したというビジョンで、その不平等を説き明かした。すなわち、最初の産業革命の間に生じた第一段階の賃金の不平等は、産業の職能に対する需要が増えたこと、また田舎から職能のない労働者が非常に大きく流出したことと関係している。この第一段階の後に、賃金の不平等は、すべての先進国で一九世紀末から一九七〇年代まで減少する。こうした不平等の低下という側面は、職能の格差がかなり縮小したことで説明できる。これはとくに、職業教育と大衆の教育の急速な発展のおかげである。同時に、そうした不平等の縮小は、産業が平均的な職能を持った労働者に対する需要を高めたことによっても理解できる。このような需要の増大が終わりを告げ、脱工業化が始まって以降、すなわち米国では六〇年代末から、我々は新たな段階に突入した。そこでは、新しいセクター（企業に対するサービス、情報処理、コミュニケーション…）が、高い職能をますます評価した。他方で人々の大部分は、教育システムの経験も個人的な経験もなく、これらの職能を発揮できなかった。そこでかれらは、生産性の低いセクター（個人に対するサービス、レストラン、商業…）に向けて、あるいは失業やパートタイム雇用として、大量に吐き出されたのである。こうした理論を極端に解釈すれば、それはたんに、教育システムと人的資本の供給が、新たなテクノロジーと新たなセクターの人的資本に対する需要に十分早く対応できなかったことを示すだけではない。この点は、すでに一九世紀前半で生じていたことと同様である。しかし、そのような解釈は同時に、より一般的には技術的進歩が今や、個人の特性を評価するように導くという点も表している。そうした特性はつねに、不均等に割当てられる。またそのような解釈は、より型にはまった伝統的技術の機能を目立たせなくすることでもある。これが、スキルにバイアスを与える技術的変化という仮説である。この技術的変化はすべての形で、職能と「才能」を有利とするようにバイアスを与えている［Juhn et al., 1993］。

**技術的変化はバイアスを与えるか**　このような、賃金の不平等が先進諸国で長期的に進展する点に関した理論は、比較的納得できる。この点を直ちに認めてもよいように思われる。このことは少なくとも、それほど極端に定式化しない場合にそうである。我々は、当然にそうした転換により最初に影響を受けた国である米国において、職能の水準と結びついた賃金の不平等の増大をよく見ることができる。一九八〇年以降に平均賃金に及ぼす次のような効果、すなわち、学業年数が一年ずつ増すこと、また卒業資格の水準がより上昇すること、あるいは専門職の経験期間がより長くなることの効果がはっきりと増大したのである。労働経済学者の用語を使えば、職能による「収益」が高まったということになる［Juhn et al., 1993］。

問題は次の点にある。それは、賃金の不平等が全体的に増大した中で、その基本的な割合つまり約六〇％は、まさに同じような特性を持つと見られる賃金労働者のグループの内部で起こっていたという点である。このような同一の特性は、教育の同一水準、専門職経験の同一期間、ならびに同一年齢として現れる［Juhn et al., 1993, p.431］。さらに、こうした同質の賃金労働者のグループ内における不平等が、一九七〇年以降増大したという事実がある。この事実こそが、例えばＰ90／Ｐ10の比率で測られるような賃金の分配に関する全体的な不平等が、一九七〇年以降に米国でどうして増大し続けたかを説き明かす（第一章参照）。このことは、卒業資格に基づく収入が一九七〇年代に低下したにもかかわらず示される（前述参照）。同様に、たとえ失業やパートタイム雇用の高まりが、すべての先進諸国で、職能の劣った賃金労働者に対していっそうの影響を与えたことは事実であるとしても、雇用に対する不平等はまた、同等の職能水準を持った賃金労働者の間でも増大したのである。しかも、そうした賃金労働者には、高い職能を持った人々のグループも含まれていた。バイアスを与える技術的変化による理論は同じく以下の点を意味している。それは、フランスのように賃金の不平等の増大がほんのわずかであるか、または全くなかった国においても、失業は、それほどの職能がない人々に対していっそうの打撃を与えるに違いないという点である。この点は、米国のように生産性の分散の広がりが、賃金の分散の広がりとつり合っている国と比べられるであろう。ところがフランスでは、それほどの職能がない労働者の失業率が米国よりもいっそう上昇していることは確かであるとしても、職能をいっそう持った労働者の失業率も同様に上昇している。しかもそれは、ほぼ同じ比率で生じているのである［Card et al., 1996］。

確かに、個人の特性から生じる極端な貧困を過小評価してはならない。そうした特性は賃金に関するアンケートで書き写され、それはまた、経済学者が個人の職能を客観的に測定するために見ることのできる唯一の変数である。利用できる指標が意味することは諸国間で非常に異なっているため、これらの数値に基づいてすべての国を比較することは極めて危うい。例えば一九九〇年に、フランスの就業人口のうち、上級の卒業資格かもしくはバカロレアと同等のものを持っている人々は、二五％以下であった。他方で、米国の就業人口のうち、同等の学校教育（ハイスクールの完全な教育で、それはフランスにおける高校あるいは上級の教育）を終了した同年齢の人々は、八五％を上回っていた［Lefranc, 1997, fig.1］。その結果、米国における職能のない人々は、この比較によればフランスにおける職能のない人々よりもはるかに小さいグループを形成する。ところが現実の差は、これらの乏しい統計指標がそうした点を示していないということ以上に、明らかにより小さいものである。米国のハイスクールとフランスのリセー（高校）を比較すれば、その質的な相違はよくわかる。

利用できる統計指標が乏しいことは同じく、特定の国の過去における賃金の不平等の変化に関する研究に対して問題を生んでしまう。例えば我々は一般に、学校教育を受けた全体の年数しか見ることができない。そこでは、大学の水準、ないしは賃金労働者の卒業資格に関する正確な性質が見られない。しかし、雇用者が誰であっても、かれらは、潜在的な賃金労働者に関するこのタイプの情報にアクセスできる。そこで雇用者は、非常に不均等な職業教育の水準の間で差をつけることに能力を発揮するのである。このことは、経済学者が考える学校教育期間の同年数という点に応じているにもかかわらず示される。さらに、もしも教育を受けた年数で実際にもたらされる職能の他に、個人の特性を測るうえで、卒業資格の正確な性質が労働の動機づけ、あるいは能力として用いられるとすればどうなるか。「シグナリング理論（訳注）」のような教育理論にしたがえば［Spence, 1974］、経済

訳注――シグナリングの理論によれば、教育は人的資本への投資と考えられる。それは、労働者に知識や技能を身につけさせることにより、かれらに能力の証明（シグナル）を与える。

学者が唯一学校教育の年数のみを見ることによっては、雇用者にとって真に適切なことを測ることはできないであろう。ここに、賃金の不平等を、観察される個人の特性からすべて説明しようとする伝統的な試みの限界がある。そこにはつねに、全体的な不平等を構成するかなりの要素が残されている。それらは説明されないままである。しかし、経済学者にとっては同じような特性が観察されるグループの中で、人的資本の現実的な不平等は、実際に一九七〇年以降増大した。この点は事実として認められる。これは例えば、卒業資格の間の不平等が、学校教育を受けた一定の年数に対して増大したためであった。

このような、スキルにバイアスを与える技術的変化という考えを支持する人が、一定の利用可能な数値によって示した解釈は、しかしながら次の点を明らかにした。それは、広義に解釈される人的資本の理論が、いかに同じことをくり返し述べるようなリスクを犯すことになるかという点である。賃金の不平等がいかなるバリエーションを示したとしても、それを「説明」することはつねに可能である。このことは、外部の人が見ることのできない個人の多様な特性による生産性のバリエーションを思わせる。人的資本の理論やバイアスを与える技術的変化という理論でもって、賃金の不平等と雇用に対する不平等が増大したことの大部分を、間違いなく説き明かせる。たとえそう思えるとしても、観察される現象のすべてを何が何でも説明しようとすることは、現実を認識するとあまりに「楽観的」であるように思われる。

**賃金の不平等とグローバル化**　人的資本の理論が、もう一つ専念する点がある。それは、一九七〇年以降に賃金の不平等が高まった点を説くことにある。これは、グローバル化の現象を加えることになる。この理論によれば、北／南の貿易開放こそが、それほどの職能がない北の賃金労働者と、南の賃金労働者との競争を引き起こしたことになる。そしてこのことが、賃金の不平等を高める要因となった。この理論は、論理的には納得のいくものである。しかしそれは、避けて通れない現実にぶつかってしまう。第三世界諸国からの輸入品は、たとえそれらが一九七〇年以降明らかに増大したとしても、一九九〇年にすべての先進諸国のＧＤＰの多くても二％から二・五％しか占めない。つまり、それは先進諸国間の貿易のせいぜい一〇％である［Freeman, 1995, p.16］。また、先進諸国内において生産され消費されるすべての財とサービスの割合（％）が低いことは、賃金の不平等が進んでいる一般的な現象の原因にいかになり得るか。確かに、以下のことは論理的に可能である。それは、職能の異なる水準に関する供給と需要のゲームによって、国際貿易で被害を受けた何らかのセクターの間に高まる不平等現象が、一国経済全体に広がるという点である。しかしこの点は、実証されることが求められる。さらに我々は、米国とイギリスで以下のような現象を見ることができた。異なる企業において人的資本が違う水準から成る賃金労働者に関して、かれらの間の分離は、同一企業の被雇用者間における賃金の相関関係という手段で測定される。こうした分離は明らかに拡大したと同時に、一国経済のすべてのセクターで示された。それは、たんに国際貿易によって被害を受けたセクターにおいてのみ観察されたのではない［Kremer et Maskin, 1996］。このような企業間の分離がはっきりと進んだことは、フランスでも同様に見られる［Kramarz et al., 1995］。このことは、超生産的な生産組織と脇に追いやられたままの生産組織との間で分断が深まっているという、より一般的な現象を示唆している。我々が現状を理解する中で、この点はまさに次のことを示しているように思われる。それは、賃金の不平等が高まったことの要因が、先進諸国の国内生産構造が転換した点に見られる一方、仮にある先進国が他の世界との貿易に対して閉ざされた経済国であったとしても、同様の変化が生み出されることである。

## 賃金をいかに再分配するか

企業の支払う賃金の不平等が、実際に賃金労働者の人的資本の不平等によって説き明かされることを認めよう。では、このことは、再分配に対して何を意味するであろうか。まず、次のように想定してみよう。それは、少なくとも短期において、人的資本自体の不平等に影響を及ぼせないこと、したがって我々が真に唯一行えるのは、市場が自発的に導く所得を再分配することである。それゆえ、純粋な再分配が重要になるであろう。この点は、純粋な社会的公正を考慮することによって正当化されるであろう（序論参照）。人的資本の不平等は、少なくとも部分的には、個人がコントロールできない諸要因によって決定される。それは、社会的な出身あるいは生まれつきの天性のようなものである。それらはまた、当初に資本が不平等に付与されている点と同じである（第二章参照）。こうした再分配を最もよい仕方で行うのは何であろうか。

資本／労働の再分配に関するものと同じように（第二章参照）、中心的な問題は、一国経済全体で異なるタイプの労働と人的資本との間で代替の可能性があるかどうかを知ることにある。もしも一国経済が、異なるタイプの労働を固定された割合（情報処理技術者によるｎ人の雇用…）で用いるように強いられるならば、したがって雇用量の相違が完全に固定されているのであれば、次のようなことが起こるであろう。それは、企業が人的資本の異なる水準に適用する給与表は、市場の賃金と比べて狭められたものとなるに違いないということである。直接的再分配は、このことを宣言する点にある。例えば、それは最低賃金の上昇と最高賃金の低下を設定する。こうして直接的再分配は、財政的再分配と完全に等しくなる。これは、賃金を市場の水準で確立させることにある。しかしそれは、低賃金に向けられる財政資金移転の費用を賄うために（あるいはそうした賃金に対する課税を低くするために）、高賃金に税金をかける。ところが、異なるタイプの労働の間の代替の弾力性、これは資本／労働の代替の弾力性と同じ仕方で測定されるものだが（第二章を参照）、この弾力性が無視できるものではないことから、財政的再分配の方が断然優れている。この再分配によって、わずかな職能しか持たない賃金労働者の所得を増やすことができる。これは、直接的再分配と同じ割合で行われる。しかもそれは、企業に対して、わずかな職能しか持たない労働者の代価を増やすことなしになされる。したがって、このことによってわずかな職能しか持たない労働者の雇用を減らすことはない。こうした財政的再分配の優位性はそれゆえ、新たに次のような点から生まれる。それは、この再分配によって、企業の支払う代価を賃金労働者の受け取る代価から分離することができるという点である。この点は、直接的再分配と正反対である。こうしたロジックは非常に一般的なものであり、これは、たんに職能の異なる水準の間の再分配ではない。例えば、すべての賃金労働者に課される税の徴収によって費用が賄われる家族手当てのシステムは、養育する子供を抱える賃金労働者に向けて賃金を再分配させることができる。これは、企業に対して労働者の代価を増やすことなしに行われる。この点は、直接的再分配と正反対である。直接的再分配は雇用者に対し、養育する子供を持った賃金労働者の賃金を、他の賃金労働者よりも多く支払うように求める。

ここで再び実証的な諸研究は、以上のような代替の可能性を確証している。職能を持った労働者に対する需要に比べ、わずかな職能しか持たない労働者に対する需要は、後者の労働コストが前者のそれに比べて上昇すると低下してしまう。その逆もまた同様である。入手可能なすべての計量経済的研究は、歴史的かつまた地理的に観察された雇用構造の大きな転換と同じように、労働の代替の弾力性が、資本／労働の代替の弾力性よりもシステマチックにいっそう高まっていることを示している［Krussel et al., 1996 ; Hammermesh, 1986］（第二章参照）。わずかな職能しか持たない賃金労働者を機械に、あるいは職能のある賃金労働者に置き換えることは、職能のある賃金労働者にそうしたことが起こるよりもいっそう簡単である。

ところが、財政的再分配とその価格のシステムというロジックは、資本／労働の再分配と同じく賃金の再分配に関してもよく受け入れられていない（第二章参照）。そしてこのことによって、低賃金に課せられる社会保険料の低下に対する左派の懐疑主義を大いに理解することができる（後述参照）。異なる個人の労働に対して合意された代価は場合によって非常に不平等であるが、この代価が資源配分で有効な役割を演じている。したがってそれは、自由に調整されねばならない。そしてこのことはまさに、代価の生み出す所得の不平等が不公正であり、したがってそれは租税や資金移転の手段で正される必要があることを示す。実際に、以上のように考えることは受け入れがたい。そこで、もしも賃金の不平等が不公正であるならば、なぜ企業に対して賃金をより平等になるように支払うことを求めないのか。問題は、資本／労働の再分配に関するものと同じである（第二章参照）。異なる財とサービスの双方を生産している複雑な世界において、わずかな職能しか持たない労働の代価に比べて、職能のある労働の代価がより上昇することは、次のようなことを引き起こすうえで必ずしも悪い仕方ではない。それは、企業や消費者を、わずかな職能しか持たない労働の集約度が強いと共に、職能のある労働の集約度が弱いような財・サービスに向けさせることである。そしてその逆もまた同様である。財政的再分配によって、価格のシステムによる資源配分の役割を保つことができる。これはまさに、異なる賃金労働者が得る所得を再分配することで行われる。

**かなり大きな政治的問題**　資本／労働の代替に関する問題と同様に、政治的な問題もかなり大きい。もしも一九七〇年以降における賃金の不平等の高まりが実際に、バイアスを与える技術的進歩、および個人的な生産性の不平等の増大によって説き明かされるのであれば、雇用をつくり出す唯一の方法は、異なるタイプの労働に対して企業と消費者の支払う代価に、同じ割合で等しく格差をつけるようにすることである。P90／P10の賃金格差は九〇年代に米国で四・五であった一方、フランスでは「たった」三・二であった（表7）。そこで我々は次のように推論できる。フランスで米国と同じほどの雇用がつくり出されると共に、とくに付加価値に占める労働所得の割合がフランスで低下するのを止めるためには（前述参照）、C90／C10の格差、すなわち百分位の九〇番目の労働の代価（賃金と社会保険料）と、百分位の一〇番目のそれとの格差が、フランスで約四〇％増えなければならない。このことは大ざっぱに言って、低賃金に課される社会保険料をすべて廃止することと、また、そうした保険料を高賃金に移すことになるであろう。このような解決は社会保険料を利用することにある。それは、賃金労働者が受け取る賃金に関するP90／P10の格差を広げるように求めることよりもむしろ、C90／C10の格差を修正するためである。そこでこの解決は、非常に古くから好ましいものであった。そうした解決はより公正であるばかりでない。なぜかと言えば、低賃金はすでに最も不利であると共に、技術的変化によってバイアスを与えられたことの代償を支払う理由は何もないからである。そしてこの点以外に、そうした解決によって初めて、米国で確認されたような、より低い職能の人々による労働市場からの撤退を避けることができる（第一章参照）。

事実、一九七八年以降のフランスで、政府は相次いで以上のようなことを試みた。社会保険料はかつてその上限が設けられ、したがって低賃金よりも高賃金に対して、より少ない保険料が課されてきた。ところが、一九七八～一九七九年と一九八二～一九八四年の間に、医療保険料に関して次第にその上限が撤廃され、次いで一九八九～一九九〇年に家族保険料に関しても同様のことが行われた。さらに、これらと同じ保険料は一九九三年以降、低賃金に関して低下した。このことにより一九九三年以降、労働コストのC90／C10の格差を、賃金のP90／P10の格差以下にさせることができた。一方、この格差は以前ではいっそう小さかった。C90／C10の格差はこうして、一九七〇年の三・四から一九八三年に二・九に移行した。この間は、フランスで賃金が「大圧縮」された時期であった。その後、この値は一九九五年に三・四に再び上昇する。しかし、P90／P10の格差は一定のままであった［INSEE, 1996a, p.51］。これによりフランスは、一九七〇年代初めの米国で見られた水準に戻された。その後は、賃金の不平等が高まり始めることはなかった（表7）。それゆえ、以下のように結論したくなるであろう。フランスは、依然としてそうした格差の計算値から外れている、すなわち米国で現に四・五の格差があることから非常にかけ離れていると同時に、社会保険料の転換を永続して進めなければならない（第四章参照）。

しかし、これらの比較には注意を払う必要がある。例えばイギリスにおけるP90／P10の賃金格差は、一九九〇年代初めに三・三であった（表7）。またC90／C10の格差はわずかにそれを上回っていた。これは、低賃金に対する社会保険料が軽減されたことによる。そしてこのことは、イギリスの企業と消費者に対し、財とサービスをより集約的に用いるのを妨げなかった。他方でフランスでは、生み出される富に対する賃金全体の割合が低下し続けた（第二章参照）。イギリスがフランスよりもいっそう貧しい国であることは事実である。そこではとくに、平均賃金がいっそう低下し、したがってキャッチ・アップの現象から利益を得ることができた。これは、収斂のモデルにしたがっている。

## 人的資本の不平等はどこから生まれるか

財政的再分配によって、人的資本の不平等による諸結果を、生活水準の不平等の点で制限することができる。しかし、このことで不平等の構造的な根因が変更されることはない。それゆえ、人的資本の不平等の形成と再分配が中心的な問題となる。そのうえ、確かにゲーリー・ベッカーとシカゴ大学の同僚は超自由主義者であるとしても、それは、かれらの賃金の不平等に関する理論が、人的資本の不平等の結果としてあることによるためではない。そうではなく、それはむしろ、かれらの理論が人的資本自体の不平等の形成で成り立っていることによるためである。ゲーリー・ベッカーとその同僚にとって、人的資本の獲得は第一に古典的なタイプの投資に類似している。もしも投資のコスト（教育の代価、大学登録費用、学校教育の期間…）が、そうした投資の「収益」（この人的資本によって得ることのできる追加的な賃金）を下回っているならば、そのとき市場は、このような収益のある投資の費用を賄うのに必要な資金を見出すであろう。この点は、完全な信用市場のモデルが実物資本への投資のために予想するのと同様である（前述参照）。同じく、たとえ一定の雇用がもたらす経験や職業訓練によって、人的資本を大きく増やすことができるとしても、賃金労働者は非常に低い賃金を受け入れるであろう。あるいはかれらが、そうした期間に雇用者に支払うことさえあるであろう。それは、このポストを占有すると共に、この収益のある投資を実現させるためである。それはまた、賃金労働者が少しでも自由に契約する権利を持つようにするためである。

こうした理論は、たとえ納得できるものであるとしても、それは直ちに二つの結果をもたらすであろう。それらは当然区別されねばならない。第一に、賃金の実質的な財政的再分配のコストはかなり大きい。と言うのは、人的資本に対する投資の収益が減少する中で、このような再分配は、そうした投資を企てる個人の意欲を減退させるからである。このことは、高賃金の職の数を減少させることで終結するであろう。それゆえ低賃金の職も同様に減少し、それでもって被害を受ける。言い換えるならば、もしも我々が長期にわたって受けた学校教育の補償として、医者に対し、労働者よりも一〇倍以上稼がせないとすれば、労働者の治療を行う医者も、また自身の税金を支払う医者も、もはや存在しないであろう。したがって人的資本に対する投資の理論は、我々に次のように語る。すなわち、人的資本の供給弾力性は資本の供給弾力性と同じ仕方で規定されるが、それは非常に上昇する。一方、もう一つの補足的な議論がときどき引き起こされる。それは、これらの所得の再分配を願うのは、たんに非生産的であるだけでなく、かつまた不公正であろうというものである。なぜなら、もしも異なる個人が、人的資本に対する投資に関して異なる選択を行うとすれば、それは多くの場合、学校教育を受けた期間や仕事の苦痛度などの点で異なる選好を持つからである。これに対して、国家は何の態度表明も行わない。ところが実際に、最も頻繁に行われる議論は、人的資本の供給弾力性に関するものである。これは、資本／労働の再分配の場合と同じである。賃金を再分配することが、勤労意欲の問題と衝突するのは、どの点まで確かなことか。実証的推計は不幸にも、この課題に関する理論的発展よりもはるかに少ない。そこで、次のような認識の状況にある。

すなわち、そうした効果は疑いなく、シカゴ大学の理論家が想定する以上にはるかに小さい（第四章参照）。

**不平等は効率的か**　人的資本に対する効率的な投資の理論はもう一つの結果を生む。それは、国家が人的資本の不平等を形成するプロセスに介入するのは有効でないということである。なぜかと言えば、教育や職業教育に対する収益を生む投資はまさに、市場の力と民間主導の自由なゲームのおかげですでに行われていたので、教育の市場、あるいは労働市場に対する介入はすべて、そうしたゲームの妨げになるものでしかないからである。言い換えるならば、こうした理論はたんに、純粋な再分配が勤労意欲の問題と衝突すること、したがってそれは、控え目な規模にならざるをえないことを意味する他ない。それればかりか、この理論はまた、効率的な再分配が何も企てられないことを意味するしかない。と言うのも市場こそが、資源の効率的な配分（パレートの意味で。序論参照）を導くからである。

これらの推奨することとは、次のような人にとっては当然に驚くべきことであるように思われる。そうした人は、そのような不平等が世代間で再生産されるという観点から、また教育に対する機会が不平等であるという観点から論じることに慣れ親しんでいる人である。教育に関する公共政策が正しいとみなすのは第一に、ただたんに、そうした公共政策の対象となる個々の若者が、一般に教育投資がいかなるものであっても、その収益を判断できない点、またかれらの両親もそうすることがいっそうできない点にある。経済学者は、このような「温情主義的」な議論を行うのをふつうためらう。しかしそれは、実践的に議論の余地がない正当なものである。もしもインドの子供たちが、シカゴ大学の理論家によるアドバイスにしたがい、市場の力と両親の双方による民間主導で読み書きできると期待するならば、インドは確実に長期にわたり、依然として悲惨な状態に留まるであろう。初等義務教育は疑いなく、最重要な効率的再分配である。また成長と収斂に関する諸研究は、先進諸国が一九世紀以降に経験した生活水準のかなり大きな進展が、そうした政策なしでは生み出されなかったことを示している。

人的資本に対する効率的な投資の理論に反対するもう一つの議論は、もちろん信用市場の不完全性である（前述参照）。これは、裕福でない階層出の個人が長期間の学校教育を受けられないようにさせてしまう。このことは、たとえかれらが能力を持っていても、したがってそうした投資が収益のあるものであっても現れる。信用市場の不完全性は、長期的投資が必要となる人的資本への投資の場合に、ますますありそうなことのように思われる。そうした投資に対し、合意した借入の返済に信頼のできる仕方で約束するのは難しい。両親が大いに保証している学生に対して合意した貸付を行うことは、より簡単なことである。この点は誰の目にもわかる。それゆえこの議論により、それほど裕福でない階層出身の若者の職業教育に資金を融資する政策が、はっきりと正当化できる。こうした政策によって、かれらは人的資本による効率的でない不平等に対抗できるのである。

しかし我々は、このような信用の不完全性に関する量的な大きさについて、信頼のおける実証的推計を何も利用できない点、また、温情主義的な議論が、職業教育のすべての水準に対して無分別に適用されることはない点、これらの点をよく理解しなければならない。確かに我々は次のような点、すなわち、たんに教育の達成水準が出身の社会階層によって大きく変わることだけではなく、また、一〇歳という就学年齢児の等しいテスト結果によっても、それほど裕福でない世帯出身の子供たちは一般に、学校教育をそれほど長期には受けられないことになるという点を見ることができる。唯一、信用市場の不完全性が、これらの若者に対して他の者と同じ学校教育を続けさせないようにする。我々はこう結論できる。複数の社会学者は、このような観察は同じように、それほど裕福でない世帯出身の若者が、長期の学校教育を受けるだけの意欲を大して持っていないことを示唆した。と言うのも、かれらが長期の学校教育を受けることで、家族の生活の程度を同じように維持することは期待できないからである［Boudon, 1973］。

このような議論は、「社会間における選好の相違」に関する議論の社会学的解釈を示している。それは、それほど裕福でない世帯の若者に対する職業教育のために、公的な努力と投資を高めながら教育機会の不平等を実質的に減らせると考えるのは幻想であることを意味する。事実、職業上の成功に対して社会的出身が与える影響は、信用市場の問題と教育へのアクセスをはるかに超えたところにある。なぜなら、一定の卒業資格に対する社会的出身の影響は、職業上のキャリアをつうじて統計的に見ることができるからである［Goux et Maurin, 1996］。より一般的に、教育水準を見ることだけでは、賃金の全体的な不平等が部分的にしかわからない。この事実は多くの場合、教育に関する野心的な政策によって不平等を終わらすことができると信じるような、熱狂主義を和らげるために言及される［Boudon, 1973］。さらに、もしも学校教育のための費用を賄うことが本質的な説明要因であるとすれば、人的資本が世代間で再生産されることは、米国のように学校教育の民間金融が基本的な役割を演じている国において、欧州のようにそうした金融が公的に行われる国においてよりもいっそう高まるであろう。しかし、教育水準という点で世代間の動きが可能となる割合は、歴史的にもまた地理的にも非常にわずかしか変わらない［Shavit et Blossfeld, 1993］。この点はまた、所得水準の点で人々が動き得る割合と同様である［Erikson et Goldthorpe, 1992］。

**家族と教育支出の役割**　一般的に、教育界における介入主義に対する懐疑的な議論は、人的資本の不平等が家族で継承されることの重要性を否定するものではない。それどころか逆に、そうした議論は、このような不平等が不可避的に永続する姿に、家族の中心的な役割が映し出されていることを示している。家族に関するベッカーの理論を、彼の書物や彼の弟子の書物に見ることができる［Becker, 1991 ; Mulligan, 1996］。それらは、家族がまさにかれらの子供たちに投資するという選択を主張している。それは、そうした投資の重要性を示すためである。そこでは、国家が介入する試みはすべて、破壊させるリスクを負うであろうと唱えられる。こうした伝統的な考えは確かに、シカゴ大学で古くから見られる。と言うのは、早くも一九六六年に、不利な立場にあるマイノリティの教育に関する、社会学者のジェームズ・コールマン（James Coleman）による、米国政府に対する有名な報告がひんしゅくを買ったからである。その報告によれば、不利な状態にある地区の学校に向けて金融手段を再分配したことは、学校教育の諸結果、およびそれらの地区の労働市場への統合に対して、何ら明白な進歩をもたらさなかった。コールマンと彼が影響を与えた数多くの研究の結論は、不利な状況にある社会階層の教育のために、公共支出を機械的に増やすことで物事を真に変えると期待することができないということである。なぜかと言えば、不平等が不可避的に形成されるのは、第一に、家族という単位のレベルに、また出身階層のレベルにおいてだからである。

確かに、すべての人は、不平等が継承されるのは遺伝によるよりも、はるかに「環境」によるという考えに賛同する。心理学者のリチャード・ハーンスタイン（Richard Herrnstein）と社会学者のロバート・マレー（Robert Murray）は、一九九四年に定期刊行誌の「第一面」で、現代の経済・社会において知能の不平等に対して止むことなく反対することにより時間を無駄にしたと公言した。しかしかれらは通常、ＩＱ（知能指数）が非常に強く遺伝的に継承されるという考えの支持者を非難する人物とみなされている。事実、かれらは同時に、これまでに偶然に行われた養子縁組に関するいくつかのケース・スタディを行った後に、次の点を知る。それは、非常に不利な状況にある社会・文化的階層から生まれたが、より高い教育を受けた家族で育った子供たちは、そうした家族の生まれつきの子供たちと同じように成功したという点である［Herrnstein et Murray, 1994, p.410-413］。しかし、この点は必ずしも真に本質的な問題ではない。と言うのは、環境要因の重みが、もしも家族の環境、とりわけ年少の子供を持った家族の環境（本が家にあったり、両親との対話など）に関係するのであれば、その結果、このような家族で受け継がれる不平等を真に変えることはもはやできないからである。そこで、それらの結果は、遺伝的な不平等によるものとそれほど異ならない。しかし、ハーンスタインとマレーは、かれらよりも三〇年も前のコールマンと同様に、とくに次のような考えを強調する。それは、不利な状況にある社会階層に投資された教育資金の効果を測るのは非常に難しく、それゆえそのことに熱中するのは空しいということである。

もしもこの理論が正しいとすれば、人的資本の不均等な分布を積極的な介入策で変えようとすることは、それゆえ無駄に終わるであろう。そこで次のことをしたほうがよりよいであろう。それは、この不平等が当然にもたらす生活水準の不公正な不平等を、財政資金移転によって減少させるために、利用できる資金の大半を費やすことである。ただし、このことは、よりよい状況で生まれた人々による人的資本の供給を、必要であれば弾力的に行わなければならないという厳しい制約の中で示される。

**人的資本の非効率的な分離の問題**　これらの結論は、コールマン報告に続いてとくに米国で数多くの議論を引き起こした。不利な状況にある地区において、教育の追加的な支出を行う効果に関して最良の指標を使ったより最近の研究は、これらの結論が大いに誇張されたものであることを示している［Card et Krueger, 1992］。さらに、コールマン・タイプの研究から生まれる諸々の分析結果に関して、複数の解釈が可能となる。実際に、次の点は納得できる。教育支出の効果が低いのは唯一、出身の家族階層が学校教育を成功させるチャンスを真に決定することによるのではない。そうではなく、それは、学校生徒の社会構成と居住地区の効果が、教育支出それ自体の効果よりもはるかに大きいためである。

言い換えるならば、学校教育を成功させるチャンスは、その教え方の質よりも、クラスの仲間の「質」にいっそう依存している。この点はとくに、初等・中等教育のレベルで示される。苦しい生活状況にある郊外に、大学教授資格（アグレガシオン）を持った教員を派遣することは、学校教育の成功をはっきりと改善させることにほとんどならない。他方で、生活困難な状況にある郊外の高校生をパリの高校に送り込むことは、かれらの成功する確率を著しく高めるチャンスを強く与える。こうした予想は、米国の「所得の発展に関する世論推移調査（Panel Study of Income Dynamics, PSID）」の研究による、世代間に関する非常に豊富な数値で確かめられた。それらの数値は、一定の両親の教育と所得の水準に関して、子供たちの住む社会を移動させるチャンスが、両親の居住する地区の平均所得にしたがって、一回から二回に変更可能なことを示している。このような結果は、経済学者が名づけた「地域的外部性」の効果を確立させた。それは長い間、教室というミクロ経済のレベルで測られた。そうした効果は、不平等の全般的な進展に対して実質的な効果を与えることができる。それは、おおよそ両親自身の特性による効果である［Cooper et al., 1994］。

コールマンのものと同じようなネガティブな分析結果は、不利な状況にある地区の学校に向けた融資手段の再分配に反対を強めたり、また自由放任政策を想定したりするものではない。したがってそうした結果はむしろ、よりラディカルな再分配の手段に訴える必要性を示唆している。それは、異なる階層の両親に対して、かれらの子供を同じ学校に通わせることを義務づける学生証を用いるような野心的なものである。これは、かれらに対して真にいっしょに生活するように強いること（このことはいっそうよいであろう）の代わりに行われる。これらの政策は数多くの国に存在するが、それは一般的には非常に制限された規模においてである。両親による学校の選択は多くの場合限られる。これは一般に、学校水準のあまりに強い集中を避けるためである。しかし、これらの学生証は、一般に同じ学校に同じ地区の子供たちを通わせるだけである。このことは実際に、人々の社会的混合をかなり抑えてしまう。これらの政策をよりラディカルに解釈する仕方は、一九六〇年代から一九七〇年代に米国の複数の都市でたちまち経験された。これは、「強制的なバス通学」のシステムによるものであった。それは、有利な状況にある地区の子供たちの一部が不利な状況にある地区の学校にバス通学するものである。そして逆もまた同じである。このことは事実、多くの場合、肌の色が違う子供たちを混ぜ合わせることになる。こうした政策は成功を収め、公民権キャンペーンの時期も終わりを告げた。これは、有利な状況にある地区の両親の反感がどれほど大きなものであったとしても実現された。この反感はとくに、米国の状況の中で予想できるものであった。と言うのも、米国の両親は通常、各地域でかれらの学校とその教育プログラム、ならびに教員をコントロールしていたからである。

しかし、いかなる学校であっても子供をそこに通わせることを個人が決定することは、他の子供たちにかなりの影響を与えた。また住宅価格の場合に、価格のシステムに人の名前がつけられているわけではない。そこで、そうした匿名性によっては、個人に対して、かれらの選択が他の人に与える外部性を考えさせることはできない。こうして次のようなケース、すなわち居住地区の社会的統合が、有利な状況にある地区の子供たちに対して損を与えていないものの、それよりはるかに多くの利益を不利な状況にある地区の子供たちに与えているようなケースにおいてさえ、個人の住宅の選択はやはり分離を導くのである［Benabou, 1993］。それゆえ理論的には、すべての人は社会的統合から利益を得ると言うことができる。これは例えば、有利な状況にある階層に対する統合のコストが、租税の低下よりも、それほど大きくならないという意味においてそうである。そして、こうした租税の低下は、より不利な状況にある階層の学校教育と職業における成功によってもたらされる。ところが、集団的な制約が欠如している場合に、こうした社会的均衡は達成されない。単純な諸々の規則、例えば一定の人口集団にある各々の学校に対し、両親の平均所得を等しくするように義務づける規則は、したがって長期ではまさにすべての人にとって物質的な優位性になり得る。

**労働市場に関する差別**　人的資本に関する非効率的な不平等を同じく生み出すもう一つの社会・経済的メカニズム、それは労働市場に関する差別である。この理論は当初、フェルプス（Phelps）［1968］とアロー（Arrow）［1973］により、米国における黒人のマイノリティが遭遇する差別という文脈の中で展開された。しかし、それは同様に他のすべてのグループに適用された。雇用者にとって、そこでの個人の所属は、女性、インドの低いカースト、長期失業者、あるいはより一般的にネガティブな偏見を生み出すことのできるすべての社会的出身者とみなされる。この理論の基礎となる考えは非常に単純である。今、次のように想定してみよう。ある社会的グループが、高い人的資本を求める雇用を満たすチャンスは、十分な職能を持った他のグループによる場合よりも、客観的に見てより少ない。雇用者はこのように予想する。雇用者は、採用される候補者の職能と動機づけの正しい水準を完全に見ることがない。その結果、かれらは不完全なシグナルをベースとして、職能を求める雇用に対する採用を決定してしまう。そこでのシグナルは、テスト結果、面接あるいは履歴書（CV）のようなものである。と言うのもかれらは、あるグループが、必要な人的資本を持った他のグループよりもそれほどのチャンスを持っていないと頭から決めてかかっているので、テスト結果が例外的によいかどうかによってしか、すなわち、かれらが他のグループに対してよりもいっそう高く位置づけられることによってしか、そうしたグループのメンバーを採用することはない。このような雇用者の実践に対し、差別されたグループの反応はどのようなものであろうか。そうしたグループが職能の必要とされるポストに雇われる確率は小さいので、かれらは人的資本に必要な投資を行うものの、それは平均してそれほど頻繁に行われるものではない。すなわち、その投資は唯一、採用の面接試験のときに例外的な結果が得られると判断した場合にのみ行われる。例えば、長い期間の学校教育にとりかかることにはリスクがある。そこで、そのことの価値をすでに十分に信頼している人たちだけが、採用面接試験などに対して徹底的に準備するであろう。言い換えるならば、かれらは、雇用者の予想を有効と認める傾向がある。すなわちかれらは、このグループの人的資本の平均水準が、他のグループのそれよりも実際に劣ることをわかろうとする。こうして見ると、以下の点が理解できる。例えば、黒人と白人という二つのグループが、たとえ当初、人的資本の高い水準を獲得する能力を正確に同じように持っていたとしても、一つのグループの能力が当初、それほど裕福でない社会階層の出身のためにわずかに劣っている場合にはなおさら、次のようなことが生じるであろう。まず、雇用者の予想とそうした予想から生み出される行動との間で、歪んだ相互の動きが見られる。そしてこのことによって、これらの二つのグループが得る人的資本と雇用に関し、深くて永続的な不平等がつくり出されるのである［Coate et Loury, 1993］。

こうした人的資本の不平等は、全く効率的ではない。なぜならそうした不平等は、雇用者側の、「自己実現的であるという信念」の現れによるしかない一方、経済効率はそれと反対に、同じ能力を持つグループによる人的資本への同額の投資を求める他ないからである。したがって、深くて無駄な不平等こそが問題となる。このような不平等の理論は確かに、ある種の社会学の理論と類似している。後者の理論によれば、不平等は多くの場合、これまで支配的な考えとみなされてきた説の産物である。不利な状況にあるグループのメンバーが、社会的に向上するチャンスはわずかであり、不平等は最終的に、かれらを落胆させると同時に、自己実現的にさせてしまう。そうした説はこのように強調する［Bourdieu et Passeron, 1964 ; 1970］。

**財政資金移転に対する積極的格差是正措置（アファーマティブ・アクション）**　これらの理論に関して、政治的な問題が本質的にある。と言うのは、もしもこうした不平等の大きな部分が、このタイプの歪んだメカニズムで実際に説き明かされるのであれば、新たな再分配の手段が必要とされるからである。例えば差別に関する理論は、法的措置の使用を勧める。これによって、マイノリティを雇用者が差別することに対して闘うことができる。そして、こうした法的措置は、雇用者に対して義務的な形をとらせることができる。それは、毎回の雇用ないし昇進の決定が、客観的な判断基準に基づいており、その決定が一定の社会的グループに反対するように偏向されたものではないこと、あるいはさらに、雇用者が適用できる割当てや、異なるマイノリティに対する「積極的な差別」を求めるように偏向されたものではないことを示すものである。これらのことは、自己実現的であるという信念と不平等という悪循環を断ち切るためである。ここにはまさしく、「積極的格差是正措置」というタイプの政策がある。この政策は一九七〇年代以降の米国で、黒人、女性、その他のマイノリティを保護するために急速に発展した。これらの再分配の手段の目的はむしろ、雇用者による自由な裁定を制限するために、労働法が伝統的に持っている能力を劇的に強めることにある。そこでこうした手段は、人的資本による不平等が効率的であると信じる人たちにとって好ましいものでは全くない。それにしたがえば、人的資本が不幸にもあまりに乏しい社会的グループに向けて、財政資金移転を行うための費用を賄うことで済ます必要がある。このことは、人的資本の供給の弾力性が課す限度内で示される。それはまた、とくに生産過程に介入することを避けなければならない。例えばハーンスタインとマレー［Herrnstein et Murray, 1994］は、差別という考えさえ問題にする。かれらは、黒人家族が何世代にもわたって継承するＩＱと人的資本の水準の低さによって、人種的な不平等の存続を説明するのである。

我々が観察した諸々の事実によって、以上のような議論を進めることができるであろうか。米国の黒人に対する差別のケースは、比較的よく記録されている。そこで我々が観察した事実を容易に説明するためには、差別の理論が重要であることを認めざるをえないように思われる。フリーマン（Freeman）［1973］は、一九六五年、ならびに公民権運動が起こった時期以降、黒人と白人の間の賃金格差が減少したことは次のような傾向によってしか説明できないと唱える。それは、ネガティブな偏見やそれと結びついて黒人がこぞって落胆することが、ますます少なくなったという傾向である。しかし、最もよい例は疑いなく、一九五〇年以降の労働市場に関する女性の地位の驚くべき改善であろう。そしてこのことは、不平等を生み出すための差別、信念、ならびに言説の重要性を強調する理論に訴えることで初めてわかる。すべての先進諸国で、女性の労働市場に対する参加の割合は、一九五〇年に一〇％から二〇％足らずであったのに対して、一九八〇年代には五〇％以上に変化したのである［OCDE, 1985］。労働市場における女性の地位の改善は、一九八〇年代から一九九〇年代に続いて見られた。賃金の不平等が増大するという一般的な状況の中で、女性の平均賃金は男性のそれに比べ、米国では二〇％以上増大した［Blau et Kahn,1994］。この点は、先進諸国の大部分においても同じである［OCDE, 1993, p.176-178］。財政資金移転政策は、女性の経済状態をめざましく発展させることに何ら貢献するものではなかった。

確かに、こうした著しい賃金の増大は同じく、「地中海式」と呼ばれる租税を持った国でも生じたが、この租税は、女性の労働市場に参加する意欲を奪ってしまう。例えばそれは、フランスにおける所得税に関する家族指数(訳注)のシステムのようなものである。これは、イギリスやスカンジナビア諸国のように、個人に課税するのであって世帯に課税するのではないものと対照的である。このことは、差別に大いに基づく一定の不平等、すなわち白人／黒人の不平等あるいは男性／女性の不平等のようなものが、世界で財政的再分配を行うことよりも、積極的格差是正措置と称される活動と精神面での改変によって、はるかに影響されることを示している。

しかし、不平等が差別的な理由を持っているという事実は不幸にも、次の点を意味するしかない。それは、そうした不平等を簡単に和らげたり、さらにはいっそう難しくなるが、それを終わらせたりすることが必ずしもできないという点である。一九九〇年代に、米国の積極的格差是正措置によ

訳注――家族指数は、所得税率を計算するときに、各世帯に与えられる持ち分の指数を示すものである。これは、各世帯の貢献と能力に対する徴税額の調整を目的としている。実際の計算では、独身者の持ち分は一、子供のいない夫婦は二、これに子供一人に対して〇・五が各々に加えられる。例えば子供一人を持つ夫婦は二・五になる。そこで、この指数が増えるにつれて税率が下がる。しかし、この課税減免には上限が設けられている。

る政策を見た人々の大部分は、差別は少しだけ和らげられた、とくにそれは黒人／白人の不平等に対してそうであったと総括している。ところが実際には、次のような割当て制、すなわち有色人種の賃金労働者を一定の割合（％）でリクルートすることを雇用者に義務づけるような割当て制を設けることは、雇用者の黒人に対する偏見をかえって強めてしまう。つまり、黒人は「我々（雇用者）に割当て制を強いる以外に雇われることがない」。同時に、この割当て制は黒人に対し、通常のすべての市民が持っているような、職を得るために競い合う意欲を弱めてしまう。この点はまさしく、研究の目的と正反対のものである［Coate et Loury, 1993］。こうして数多くの論者は、この割当て制を告発した。積極的格差是正措置に基づいた成功はほんのわずかであった。このことが大きな要因となって、一九八〇年代から一九九〇年代以降、一般に保守派の社会プログラムに反対する動きが引き起こされたのである。事実、一九七〇年代以降に労働市場に対する黒人の相対的地位は確実に悪化した。これが、そうした反動を育んだのである。より単純に言えば、そのような悪化は、賃金労働者の不平等が一般的に増大したことの、また、とくに米国北部に居住する黒人の賃金労働者をまともに驚かせた脱工業化の副産物であった［Wilson, 1987］。このことは確かである。

## 賃金の不平等の社会的決定

賃金に関する定められた不平等は、たんに人的資本の表に現れない不平等によって説き明かされるものではない。この点は、後者の不平等が効率的に生み出されたものであったとしても、あるいはそうでなかったとしても認められる。例えば、一定のアクター（労働組合、雇用者）は、かれらの利益になるように賃金の構造を操作する傾向がある。そして、そうした構造に導くのは、人的資本の供給と需要による競争のゲームである。賃金労働者を動機づける必要性のように、その他の諸々を考慮することは、たんに賃金労働者に関する人的資本の水準だけでなく、関連の要素全体をも考えることで、人的資本の理論を同じように大きく損なわせる。これは、労働市場の価格を明示的に操作しようとするアクターがいない場合も含めてそうである。これらの、競争的な賃金と比べた格差はよいことなのか、あるいは悪いことなのか。こうした賃金の不平等が形成されるプロセスは、労働所得の再分配に関する問題点をいかに変えるであろうか。

## 賃金の形成における労働組合の役割

労働組合は何をするのか。伝統的な経済分析は単純である。労働組合は、賃金が固定されるプロセスで独占的な力を利用する。労働組合によるこの独占力は、以下のことを示している。すなわち、かれらは法的に同意する権利に基づいて、賃金水準を固定化することに参加できる。これは、賃金労働者の大多数の利害を表しながら行われる。しかもこのことは、孤立した賃金労働者が、より低い代価でその労働を提供するのを決められることのないようになされる。しかし、独占の状況にある企業は価格の引き上げを選択し、その代わり何らかの顧客を失う。これと同じ仕方で、労働組合は賃金を、組合がない場合に支配的であったものよりも高めることを求め、その代わりに雇用水準を低めてしまう。しかし、この点は以下のことを無視することになる。それは、労働組合は一般に、たんに賃金の一般的水準を高めるために闘うだけでなく、また企業内での賃金のヒエラルキーという、一定の抑圧に対抗するためにも同じく闘うという点である。その際の闘いは、給与表という手段をもってなされる。この給与表は大きな拘束力を持った仕方で、異なる職能と経験に相当する賃金の水準をはっきりと示している［Freeman et Medoff, 1984］。

いずれにせよ、事実は次のとおりである。すなわち、労働所得の一般的水準を引き上げるために、また賃金労働者の間の不平等を減少させるために、労働組合が用いる手段は、再分配に関して効率的なものではない。我々は一国経済全体において、資本と労働の間で、また労働の異なるタイプの間で代替の可能性があるからには、労働や人的資本の代価の操作をつうじた再分配は必ずしも効率的でないことを見た（第二章と第三章を参照）。労働組合の活動は、たとえそれがうまく率いられたとしても、そうした活動が企業に対して、より多くの資本とより少ない労働を用いるように、また職能のある労働をより多くしてそれのない労働をより少なくするように導いてしまう。このことは避けられない。根本的には以下のような事実がある。それは、同じような再分配資金を、財政的再分配の手段を用いながら、より効率的な仕方で賄うことがつねにできるということである。すなわち、その手段は高賃金に対する課税というものであり、これによって低賃金に向けた財政資金移転の費用を賄うことができる。と言うのは、この後者の手段によって初めて、企業が支払う代価と賃金労働者が受け取る代価を分けることができるからである。したがって問題は、資本／労働の再分配、あるいは賃金労働者の間の再分配の規模が大きくなる必要があるかどうかを知ることではない。なぜなら、我々はこの問題が他の諸要素に依存することを見たからである。そこで問題となるのは、いかなる手段で再分配しなければならないかを知ることである。それゆえ賃金水準の固定に関して、労働組合が利用する力を低下させなければならないのであろうか。

**労働組合は財政的再分配の代わりになるか**　最初の答えは、労働組合の力を低下させることだけで再分配の効率を改善することはできないということである。この改善は唯一、労働組合が行う非効率的な再分配を、国家が行う効率的な財政的再分配に実際に代えることによって初めて達成される。現実に問題は明らかに次の点、すなわち遂行しなければならない再分配の規模に対し、すべての人が必ずしも同意するわけではないという点にある。そこで以下のように想定してみよう。ある政府は、わずかしか職能を持たない被雇用者が月に七六〇ユーロで生活しているのに対し、非常に多くの職能を持つ上流階級は月に四五七五ユーロで暮らしているのは公正であると考える。これは例えば、政府がこうしたやり方を、職能を獲得しようとする意欲を保たせるための唯一のものと評価するからである。そこで、もしも労働組合がそれに同意しないのであれば、またかれらが、わずかしか職能を持たない被雇用者が月に一五二五ユーロを、そして雇用されている上流階級が月に三八一〇ユーロ使えるように見積もれば、そのときに唯一影響力を与える仕方は、力でもって雇用者に対し新たな給与表をつくるように課すことであろう。この給与表によって、そうした結果を得ることができるか、あるいは少なくともそれに近づけることができる。確かに、上流階級に対する税金を七六〇ユーロ増やし、したがって、被雇用者によって財政資金移転の費用を賄うことができるやり方がよりよいであろう。と言うのは、これによって雇用者は、被雇用者に支払う賃金を増やさなくて済むと共に、上流階級に支払う賃金を減らさなくてもよいからである。一方、労働組合の行うことは不可避的に労働者の雇用を少なくすると同時に、逆により多くの上流階級を雇うことで失業を高めてしまう。ところが労働組合は、租税と資金移転を変更する権利を持たない。歴史的に、このタイプの争いが労働組合の存在を証明するものであった。かれらの目に、国家が再分配の役割を正しく果たしていないと映るとき、かれらは国家の代わりになる。それは、社会的闘争と、かれらが用いる直接的再分配の手段によって行われる。

さらに、これらの手段が実際に、財政的再分配の手段と比べて非常に限られているとすれば、それらは多くの場合人の目を欺くことになってしまう。ここに、第二章で言及した、歴史的な時間と政治的な時間との対立が見出せる。実際に資本／労働の再分配に対してと同じ仕方で、財政的再分配は、賃金労働者間の不平等を大規模で、かつまた目に見えるような仕方で減少させることは決してなかった。それは、たとえ非常に長い間で技術的に可能であったとしてもそうである。歴史的にも大きな財政的再分配は稀である。そうした再分配は、一般に社会的支出の形をとるのであり、賃金労働者間の貨幣的移転の形をとるのではない（第四章参照）。そしてとくに、それらが実施されるのはつねに非常に遅い。しかもそれらがその効果を感じるのは次のようなときにおいてのみ、すなわち、社会的かつ政治的な闘争を想定するには都合のよくないような長期においてのみ、あるいはより単純には一定の世代の生活という観点からは時折何の意味も持たないような長期においてのみである。

これと比べ、賃金を操作することで直接的に行う再分配は、効率的ではないが、はるかに目に見える形をとる。例えば、ネットでの最低賃金による購買力増大がそうである。これは、一九六八年から一九八三年の間に約九二％増えた。それは、労働組合が基本的な役割を演じたという社会的状況の中で示された。他方で、平均賃金はたった五三％しか増えなかった。このことによって、フランスの賃金に関するＰ90／Ｐ10の格差を、一九六七年の四・二から一九八三年に三・一へと低下させることができたのである（第一章とＩＮＳＥＥ［1996a, p.44, 48］を参照）。先進諸国の中の二国すなわち米国とイギリスにおいて、一九七〇年代以降、賃金の不平等は最も増大した。すなわち、両国はまた、労働組合の力を最も弱めた国でもあった。そして、このことはとくに政治権力による攻撃の下でなされた。これらの点は同じく議論の余地がない。

この間に、雇用されている賃金労働者間の賃金の不平等は、先進諸国で比較的安定したままであった。そこでは、労働組合が保障する割合、すなわち集団交渉で保障される賃金の割合は、比較的上昇したままである。この点は、ドイツやフランスのように、たとえいわゆる労働組合加入率が両国で等しく低下したとしてもそうであった。そこで問われるのは、一九七〇年代以降の先進諸国において、賃金の不平等が非常に対照的に変化したのはどうしてかという点であろう。この要因が重要である。それは、そうした違いが二〇%と四〇%の間に見られることを説き明かすことになる[Card, 1992 ; Lemieux, 1993]。そしてこの点は、人的資本、およびバイアスを与える技術的変化による純粋な理論が完全に無視した点である。こうした労働組合による再分配は、雇用創出の点では無償で行われるものではありえなかった。しかし、根本的には次のような事実がある。すなわち、米国とイギリスは、労働組合の行う効率的でない再分配を、より効率的な財政的再分配に置き換えることがなかった。なぜならかれらは、これと反対に、この後者の再分配も同じく減少させようとしたからである。これらの条件の下で、労働組合は財政的再分配の代わりになる役割を演じることができた。

**労働組合は経済効率の要因か**　第二の答えは、労働組合の力の低下という問題に対して提供できるものである。それは、労働組合がときどき経済効率の要因になり得ることを示している。労働組合が、伝統的にポジティブな役割を引き起こすのはもちろん、かれらが賃金労働者を代表する機関として、企業と最良のコミュニケーションをとることができるからである。しかし、労働組合が交渉する対象である、拘束力を持つ給与表はそれ自体、ある条件の下で同じくポジティブに働くことができる。例えば、一定の賃金労働者の職能と習熟は、必ずしもつねに普遍的な価値、すなわち、それらによって賃金労働者に対し、すべての企業の中で最高入札者に自らを売ることができるような価値ではない。人的資本の純粋な理論はこの点を無視しているように思われる。

一定の人的資本の価値は、特定の企業に対して多くの場合、特別なものである。この事実は、人的資本の市場が現実には完全に競争的では必ずしもありえないことを示している。いったん、賃金労働者が定まった労働ポストに対して、職能を身につけるのに必要な努力と投資を行うとしても、企業はそうした労働者に対し、かれらに提供するはずの賃金よりも非常に低い賃金を支払うことができる。なぜなら、そうした賃金労働者は、その職能を他の企業において完全に生かすことができないからである。このように、人的資本への投資が収用されてしまうことを想定するとどうなるか。賃金労働者は、投資の果実を得られることが確実であったとしても、そうした投資をそれほど強く行うのを控えるであろう。したがって企業は、それ以下には下げられない最低賃金をあらかじめ固定することによってこの問題を解決し、また経済効率を改善することができる。これは、効率的な投資がおろそかにされるのを避けながら行われる。より一般的には企業が、そうした職能を持ち、かつまた、そうした特性を持つ雇用を一人占めするような賃金労働者に対して支払うべき賃金、ないしは賃金格差がある。これらを前もって固定することによって次の点が可能となる。それは、潜在的な賃金労働者に対して、雇用者によって取り上げられる心配のない特別な人的資本をいっそう獲得するように促すことである。

こうしたタイプの現象は、特別な人的資本のケースに限らない。実際に、雇用契約がある。それは、大きな拘束力を持つ給与表の提示する権利が取り上げられないようにするためである。一方、この契約によって企業自体に対し、賃金労働者に投資してその利益を得るようにさせることができる。例えば、数多くのドイツ企業は、非常にコストのかかる実習と職業教育センターに資金を提供している。この事実は、外国の論者をつねに驚かした。この点は、次のことを考えるとなおそうであった。それは、実習生側が資金を何も提供しない点、またかれらが企業と雇用契約を交わさない点、さらには、そのようにして提供される職業教育の基本的な部分が他の企業でもよく用いられるというような、一般的な性格を備えている点である。そこで、これらの点を最も納得のいく形で説明すれば次のようになる。雇用する際の賃金が決まっており、また同じ産業部門全体に対して、大きな拘束力のある賃金の標準化された引き上げがある。そしてこれらのことが企業に対して、かれらの実習生がいったん職業教育を受ければ、他の企業によって採用されることはない点を保証している［Harhoff et Kane, 1994］。

したがって、雇用関係の固有の性格（特別な人的資本、限定された雇用契約の力…）はまさに、労働市場の効率的な機能により、ある種の集団的な調整を求めさせる。この点は企業に対して、大きな拘束力を持つ給与表の形の下でなされる［Piketty, 1994, p.788-791］。それはまた、より一般的にある種の公的介入を求めることもできる。これによって、専門職教育の点から労働市場の非効率的な点を正すことができるのである［Booth et Snower, 1996］。それゆえ理論的には、一定の国における厳しい給与表の維持は、賃金の不平等が増大するのを抑えるには高くついて非効率的な手段である。だが、それだけではない。それはまた、人的資本への投資を新たに促し、これによって人的資本の将来の不平等を制限することもできる。しかし、これらの議論はいかなる場合でも、集権化された給与表をシステマチックに正しいとみなす力にはなれない。この点は非常にはっきりしている。それは、実証的に補足する証拠を持たないのである。例えば、一九七〇年代以降に一定の先進諸国で、厳しい給与表は賃金の不平等の高まりを防いだ一方、それは同様に将来の雇用や賃金のために役立つ投資を実現させた。この点を説得力に富む仕方で証明することはできない。

## 雇用者の買い手独占力

労働組合が、賃金の競争構造を操作させることができるような独占力を持っていることを認め、また一般的にそれを暴くことが慣例である一方、雇用者も、これと全く同じ独占力をしばしば用いることができる。ところがこの事実は、経済学者たちの間でそれほどよく受け入れられていない。しかしながらこのような、雇用者が賃金労働者やかれらの労働組合の力に対して専制的な力を持つという考えは、十分に広く認められている。経済学者の表現を用いれば、労働組合の独占力を論理的に均衡させるのは、雇用者の買い手独占力である。買い手独占の状態が存在すると言われる。これは、一定の財に対してただ一人の可能な買い手が存在する場合である。このことは、次のような独占、すなわち、一定の財に対してただ一人の可能な売り手が存在するという独占の状況と対置される。独占状態にある売り手は、競争価格以上の価格で買い手に支払わせることを選択し、これによってかれらの顧客は、その生産物をそれほど多く購入しなくなる恐れがある。これと同じように、買い手独占の状態にある買い手は、競争価格以下の価格で支払うように選択できる。これによって供給者は、買い手に対して生産物をそれほど多く販売しなくなる恐れがある。それゆえ競争価格の操作は、買い手あるいは売り手の便宜のために行われる一方、それはつねに取引量の減少を招く。労働市場の場合に、買い手独占状態にある雇用者は競争的賃金よりも低い賃金を設定し、これによっていくらかの賃金労働者を落胆させると同時に、それに伴って雇用水準を低下させてしまう恐れがある。

もしもこうしたことが起これば、再分配に対する結果は重要になるであろう。一方で、財政資金移転による支援の下に賃金労働者の境遇を改善しようとするのは効率的ではないであろう。と言うのは、これらの資金移転は、賃金を引き下げることで利益を得る雇用者に適合してしまうからである。これと反対に効率的な再分配は、法的な最低賃金を増大することにある。これは、企業が支払う賃金を競争的賃金に近づけるためである。同様に、これによって労働の供給を開始し、したがって雇用の全体的水準を高めることができる。それゆえ通常見られる結論とは逆に、直接的再分配は財政的再分配より優れているであろう。なぜなら、前者の再分配によって、労働市場に関する競争的均衡を設定できるからである。その後は明らかに、もしもいっそうの再分配を望むのであれば、財政的再分配が直接的再分配の代わりになることはないであろう。したがって、再分配に関して可能な最良の世界が重要となる。と言うのも、そうした世界が、賃金労働者の生活水準を改善すると同時に、失業を減少させられるからである。そしてこのことは、徴税による収入のうち、一サンチーム（訳注）も費やすことなしに行われる。

雇用者は、このような買い手独占力をなぜ発揮するのであろうか。この独占力は、特別な人的資本の存在ということから生み出される。それは次のことを意味している。賃金労働者は同じ雇用者に対して、かれらの労働を一定の程度まで提供し続けるように強いられる。あるいはより一般的に、地理的な可動性もしくは他にねらうことができる雇用に関して情報の欠如していることが、ある賃金労働者を、ただ一人の雇用者の意のままにさせることになる。より単純に言えば、買い手独占力は、雇用者の大きなグループないしはまさにすべての雇用者による連合の形成から生まれる。そこでこうした連合が、雇用者に対してかれらの望む賃金を課すことができるようにする。これは、他の雇用者に対し、かれらの独自の賃金を提示することで賃金労働者を雇えることができないようにさせる。このような、資本家が連合することで、専制的な賃金の不平等を労働者に課すというビジョンは、しかしながら、実証的に正すことが難しい。例えば、一九七〇年以降の米国における賃金の不平等が高まったことを、この仕方で説き明かすのは人を欺くように思われる。こうした不平等の高まりに関して最も驚くべき特徴は、以上のこととは反対に、それが極度に競争的な労働市場で現れていることである。一九七〇年以降に米国で弁護士、医者、あるいは経営者の報酬が急激に増大したのは、資本家が労働の世界を分裂させるのを集団的に決定したことによるのではない。そ

訳注――一サンチームは一フランの一〇〇分の一に相当する。

うではなく、この報酬増大はそれと正反対に、企業が個人と同じく、かれらのサービスを自分のものとするために争ったからである。そこでかれらに対して、企業は報酬増大をつねに示しながらかれらを雇い続けた。このことは、こうしたプロセスを発展させる生活水準の不平等を受け入れてしまう、さらには、このプロセスが完全に効率的であると考えてしまう、というような過ちを犯すことには全くならない。しかし、この雇用者の買い手独占という仮説を、観察される事実をよく説明できるモデルとみなすのは短絡的である。

**最低賃金の上昇は、雇用水準をいつ高めるか**　ところが、買い手独占によって賃金の不平等が全体的に進展したことを説き明かせないという事実があるとしても、それは、典型的な買い手独占の現象が局地的には起こり得ることも意味している。とくにこの点は、一定の労働市場に関して示される。こうした市場は、わずかしか職能がなく、また地理的にわずかしか移動できないような地方の労働者を対象とするものである。一九九〇年代初めより、米国の複数の研究が、この点を議論し始めている。それはとくに、カード（Card）とクルーガー（Krueger）［1995］の書物に見られる。法的な最低賃金が一九八〇年代と一九九〇年代に、米国の異なる州の中で、期日も違い額も異なるものの、たびたび引き上げられた。かれらの研究はこうした事実を用いながら、説得力に富む仕方で次の点を明らかにした。それは、最低賃金の上昇が雇用水準に及ぼす影響は一般にポジティブであったと共に、それはいずれにせよごくわずかであったという点である。とくに、ニュージャージー州のファースト・フード店に関する有名な研究を指摘しておこう。そこでの全体の雇用は、一九九二年に同州の最低賃金が引き上げられた後に増大した［Card et Krueger, 1995, chap.2］。ラリー・カッツ（Larry Katz）は、これらの研究の著者の一人であり、クリントン（Clinton）の最初の政府における労働省のチーフ・エコノミストであった。そしてこれらの研究が、クリントン大統領の決定に確かなインパクトを与えた。この決定は、一九九六年に連邦の最低賃金を時間当たり四・一五ドルから五・二ドルに引き上げる、つまり、それを二〇％以上増大させるというものであった。さらにこのことは、一九八〇年から一九九〇年代初めの間に、連邦の最低賃金の購買力が二五％以上も低下したという時期に続いて行われたのである。

しかし、このような最低賃金の上昇によるプラスの効果がどうして生じたかについて、その正しい理由は、依然として議論の対象となっている。そこでは次のようなケースが問題となる。わずかな職能しか持たない人々による、地理的な移動の可能性は低い。そのためかれらは、ファースト・フード・レストランのローカルなカルテルが課す賃金にしたがった。その結果、最低賃金の引き上げによってこれらのレストランの労働需要が減ることはなかった。それどころか逆に、そうした高い賃金は労働供給を再び引き起こした。それは、職能のない若者に対して労働を促すことにより示された。以上のことは、買い手独占の最も純粋な理論にしたがうであろうか。ある研究によれば雇用水準の上昇は、むしろ次のような事実、すなわち最低賃金の引き上げがいっそう職能のある若者を引き付けたという事実から生まれた。こうしてかれらは、自身のハイスクールを去るように、またそれほど職能のない若者の職を奪うように仕向けられたのである［Neumark et Wascher, 1994］。いずれにせよ、事実は以下のようである。法的な最低賃金が、一九八〇年代末と一九九〇年代初めの米国のそれと同じほどの低い水準に達したとき、わずかな職能しか持たない人々の職は、ほとんど魅力的ではない。そのため、最低賃金の増大はむしろ、労働供給を再開して雇用水準を高める要因となる。より一般的には労働市場、あるいはより単純に特別な人的資本の市場に関して、局地的に買い手独占が潜在的に存在する。このことにより、次の点が十分に正しいとみなされる。それは、国家が最低賃金を法的に設けるという点である。これは、雇用者が最低賃金の限界を超えて、それから不当な利益を何も得られないようにするためである。

## 効率的な賃金と公正な賃金

独占状態にある労働組合、買い手独占の状態にある雇用者、最低賃金、さらには自由競争のゲームと比べて目に見える不完全性、これらがもし何もないとすれば、企業が異なるタイプの労働に対して実際に支払う賃金は唯一、供給と需要のゲームで決定されるであろうか。つまり、それは純粋な人的資本の理論にしたがうであろうか（前述参照）。この問いは、ばかげているように思われる。自分たちが得られると考える賃金を要求する労働組合、自分たちが与えられると考える賃金を課す雇用者、ならびに自分たちが調整し、自分たちの固有の再分配を裁定して課そうとする国家、これらがすべての労働市場に関して共存している限り、そのように思われるのである。ただし、例えば以下のことを理解するのは有効であろう。それは、労働組合と合意する法的な諸権利（ストライキ権、雇用者が新たな労働者を雇う可能性はないこと、など）が、賃金に対して競争的賃金としばしば格差をつけられるものとしての権利なのかどうか、あるいはまた、そうした格差が諸権利を欠くならば存在し続けるかどうかを知ることである。そしてこの格差は、少なくとも部分的に存在する。

雇用者は競争状況に置かれている。そこではかれらが競争的賃金を下回る賃金を提供することは禁じられている。では、どうしてかれらは競争的賃金を上回る賃金の提供を選択するのであろうか。この答えは、次のような点にあるに違いない。それは、賃金を増やすことで雇用者が、賃金労働者側の利益と引き換えに、いっそうの利益を得られるという点である。例えば、雇用者が、一定の労働者がその機能を果たすのを永続的に注意深く監視することはできないと想定してみよう。そこでこうした賃金労働者に対し、市場での賃金を上回る報酬を提供することによって、かれらにいっそうの勤労意欲を与えることができる。と言うのも賃金労働者は、もしも解雇されれば何かしらの損失を被るであろうことがわかるからである。事実、コントロールがより難しいセクターや雇用において、人的資本の相違では説明できないような賃金の格差をよく見ることができる［Krueger et Summers, 1988］。このような説は多くの場合、一九八〇〜一九九〇年代の欧州諸国における失業を分析するために生まれたものである（例えば、Phelps［1994］参照）。ところが、もしもすべての企業が、賃金労働者の勤労意欲をいっそう高めるために、かれらの賃金を増大するならば雇用水準は低下するであろう。その結果、賃金労働者を動機づけることのできる雇用を再び見出すまで、失業の期間が生まれるというリスクに晒される。そうした説は、この点を同じく示しているのである。このような効果を持った賃金のモデルに関して、大きなバリエーションが見られる。それは、次のように想定することにある。すなわち、賃金労働者は解雇されないような、あるいは賃金の一部を失わないような勤労意欲を持つこととは別に、もしもかれらに支払われる賃金が公正であると考えるならば、より協力的になることができるかもしれない。この場合に企業は、こうした公正な賃金に近い賃金を支払うことに利害を持てる。しかしこのことは、雇用量を減少して失業をつくり出す恐れがある［Akerlof et Yellen, 1990］。こうした公正に関する個人的認識は、賃金水準の実際の決定に対して多くの場合、非常に重要となる［Kahneman et al., 1986 ; Bewley, 1994］。そこで失業は、分配をめぐる争いの結果として分析される。この点は、たとえ労働組合がない場合でもそうである。これらのモデルの再分配に対する結果は直ちに現れる。財政的再分配は、公正と認められる再分配に近づくに違いない。それは、直接的再分配の効率的でない分を減少させるためである。このことは、低賃金に対する徴税を軽減することで、また企業の利益にその部分を移すことで、そして／あるいは高賃金に対しても同様に行うことで示される。

**国民的な伝統と賃金の不平等**　より一般的に人的資本の理論は、労働組合と雇用者による操作を増しているとさえ言えるものの、それは次のような考え、すなわち、各々のタイプの職能が生産に対して貢献することを絶えず測定できるという考えに基づいている。それゆえこの理論はまた、人的資本はつねに測定可能な客観的基盤を持つという考えに基づく。差別と特別な人的資本の例はすでに、こうした世界が多くの場合、いっそう複雑であることを示していた。より一般的には、異なる水準の人的資本の生産性を評価することは普通、大きな変化の幅を持たせている。こうした中で、不平等に関する異なった認識は通常、特定の国民的歴史の各々に固有であるということがわかる。

例えば、ローゼンバーグ（Rothemberg）［1996］が明らかにしているように、賃金の不平等は、次のようなとき、すなわち賃金労働者が、かれらの生産性を雇用者がより確実に正しく評価するとみなしたときに増大する。なぜならこのことが、わずかしか評価されなかった賃金労働者に、かれらの境遇を受け入れるように導く一方、非常に評価された賃金労働者に対してはこれと反対に、市場からの退場という脅威を雇用者に与えながら競争を演じさせるからである。そして、この分極化された全体のプロセスにより、以下の点が理解できる。それは、一九七〇年代以降に「資本主義への信奉」を揺るぎないものとしたアングロ・サクソン諸国が同時に、どうして賃金の不平等を最も高めたのかという点である。米国で一九七〇年代以降に見られた賃金の不平等の高まりは、とくに経営支配者から成る上流階級（カードル）の報酬を真に急増させるという形をとった［Goolsbee, 1997；Feenberg et Poterba, 2000］。この事実が、こうした理論の適正さを確証しているように思われる。前述した上流階級の実際の生産性が、突然に非常に大きく発展し始めたとは想像しがたい。

同様に、以下のことを説明するのも難しい。それは、一九六七年にＰ90／Ｐ10の格差が四・二であったフランスが、一九六〇年代末と一九七〇年代初めに、先進諸国で賃金の観点からどうして最も不平等な国であったかという点である。しかもそこでは、不平等に関するフランス人の特殊な認識に言及されることはない。こうした事態は疑いなく、人的資本の不平等でもって考えるのに大して問題にはならない。現実にこの不平等は当時、フランスでより大きかった。一九七〇年代初めにＯＥＣＤのレポートが、フランスを先進国の不平等コンクールでトップに位置づけたとき、フランス政府は一九七六年にそれに憤慨した。このことが示すように、先に述べた点がそのものとして非常によく受け入れられることは決してなかった。しかしたとえそうであったとしても、こうした事態は、「フランス共和国のエリート主義」が悪化したことと極めてよく関連していた。そしてこのことは、エリート校出身の上流階級と労働者を分断させている溝、すなわち生産性から生まれる現実の深い溝を、まさに過大評価しようとするのである。こうした溝は、両者がいずれもフランス共和国の学校にアクセスしたときから現れる。このことは同時に、理工科学校の学生（ポリテクニシャン）の学業が、平均的な学生のそれよりも一〇倍以上のコストを要するという点を容認すればするほどそうである。このような、教育に基づく能力主義に対するフランス人の信念は同じく、いったん卒業資格が得られると賃金格差が非常に大きく固定されることでもわかる。この点は例えば、ドイツで賃金の動きが人生を通してフランスよりもはるかに大きい点と比較される［Morrisson, 1996, p.111］。このドイツのケースでは、賃金がより平等である一方、それは疑いなく人々の勤労意欲を高める。

確かに、これらの国民的な相違の幅は、歴史的に大きく存在する不平等と比べれば間違いなく小さい（前述参照）。しかし、そうした幅は多くの場合、現代の論者にとっては目に見えた最も驚くべき相違を成している。とくにそうした相違が、たびたび諸国間の機構の相違で説明されるならば、この点は例えば、ドイツの専門職業教育や労働者管理システムが、あるいはフランスにおける教育支出に基づくエリート主義が示すように、多くの場合、次のような認識により拡大され形を変えられてしまう。この認識は各社会の中で固有に存在し、かつまた不平等の国民的歴史を同様に決定する。それはさらに、人的資本の純粋な理論がよく説明できないとするような、そして財政的再分配が表面的にしか検討できないとするような認識である。同じく、次の点を付け加える必要がある。最近の研究が明らかにしたように、一九八〇年代以降の米国における賃金の不平等が大いに高まったことは、経営者である上流階級の報酬が高騰したことに非常に強く関連している。この際立った現象を、該当する人々の相対的な生産性の進展によって説明することは難しい。一つのより納得できる説明は、問題となる上流階級の交渉力と、かれらの固有の賃金を固定させる能力の高まりである。このことはその点で、極めて高い所得に対して課されるいっそう高い税率が非常に低下したことによって増進された。そうした税率は、一九三〇年から一九八〇年の間に米国で七〇～八〇％に達するか、もしくはそれを超えていたのである。ここで、次のような興味深い例が重要となる。それは、租税が、課税前の賃金と不平等の形成に対して及ぼすことができる力強い効果を示していることである［Piketty, 2013 ; Piketty, Saez et Stantcheva, 2014］。

# 第四章　再分配の手段

先の二つの章は適切な再分配手段を示すために、次の点を明らかにするものであった。それは、不平等がどのような社会・経済メカニズムによって生み出されるかを理解することがどれほど必要かという点である。本章は、その最も重要な再分配手段の分析を深めることである。このことは、現代の再分配に関する経験に照らしながら、また、二つのタイプの再分配、すなわち純粋な再分配と効率的な再分配を区別しながら行われる。この区別は序論で問題とされ、また第二章と第三章で何度も見たものである。

## 純粋な再分配

純粋な再分配の最適な手段は、財政的再分配である。これによって我々は、徴税と資金移転の手段によりながら、当初より与えられた不平等や市場の力で生み出される所得の不平等を是正することができる。しかもそれは、まさに価格のシステムによる資源配分の役割を最大限に保ちながら行われる。ここで、労働所得の財政的再分配に集中してみよう。資本所得に対する徴税とその再分配は、就業所得に比べて資本所得の重みが限られていることに加え、すでに分析されてきた特定の諸問題を提起しているからである（第二章参照）。

## 再分配の平均的な税率と限界的な税率

実際に、現代の国家が遂行する財政的再分配をいかに測定するか。現実には、現代の財政的再分配は、徴税（所得税、付加価値税〈TVA〉、社会保険料…）、資金移転（家族手当て、失業手当て、社会復帰最低所得保障、年金…）、ならびに国家が直接負担する支出（医療、教育…）などを複合的に合わせた全体から生まれる。定められた国において、徴税と資金移転の重みを総括するために多くの場合、合成的な手段が用いられる。それは、すべての徴税の合計を対GDP比（%）で表すものである。例えば、義務的な徴税の対GDP比は、米国あるいはイギリスで三〇%から三五%、ドイツないしはフランスで四五%から五〇%、スカンジナビア諸国で六〇%から七〇%である。しかし、このような測定は非常に不十分である。なぜなら、それは我々に対して、徴税、資金移転、ならびに支出が割当てられる仕方に関して何も語らないからである。さらに、諸国間における会計上の因習の相違は多くの場合、これらの測定の比較を不可能にしてしまう。例えば、国家が支払う年金や大部分の所得に関して、スウェーデンや他の複数の北欧諸国では他の所得と同様に、税金が課せられる。そしてこのことが、徴税の重みを対GDP比で約一〇%増やしてしまう。この仕方は完全に人為的なものである。この点はフランスでは、年金の増大となって現れる。それは、年金受給者が支払う社会保険料の上昇によって、この増大分の費用を完全に賄う形となる。これにより、実際に遂行される再分配が何も変わらないことは明白である。

財政的再分配を正しく測定する唯一の方法は、徴税と資金移転に関する実効平均税と実効限界税の概念を用いるものである。一定の所得水準と結びついた実効平均税は、すべての徴税と資金移転の総額として規定される。これは、グロスの所得、すなわち、すべての徴税もしくは資金移転がなされる前の全所得に対する割合（％）で表される。支払われた徴税額が、受け取った資金移転額を上回っているか、あるいは下回っているかにしたがって、この割合は、異なる所得水準に対してプラスないしマイナスになるかもしれない。一方、実効限界税は、二つの定められた所得水準の間における徴税と資金移転に関連する。これは、個人の追加的な徴税と資金移転の総額として規定される。この額は、個人が二つの所得水準のうち、一つのものから他のものに移ることによって、支払うか受け取るかになるであろう。これは、グロスの所得の差に対する割合（％）で表したものである。一般に実効限界税率はプラスになる。なぜなら、グロスの所得の増大は一般に徴税の増大を導くからである。しかし原則として、それはまたマイナスにもなり得る。これは例えば次のようなケース、すなわち、より引き上げられた所得が、いっそう多くの資金移転、つまりネットでより少ない徴税の権利を与える場合である。

これらの平均税率や限界税率が実効的となるのは、グロスの所得に対する割合を計上する際の分子に、すべての徴税と資金移転を考慮する、あるいは少なくとも互いの元の税額を考慮する限りにおいてしかない。とくに、すべての社会保険料を考慮することは必要不可欠である。そこには雇用者の社会保険料も含まれる。我々は実際に、雇用者の社会保険料が、資本の労働に向けた再分配を何も実現しないと共に、それは現実にはつねに労働によって支払われる結果になることを見た（第二章）。理想的には、同じように公共支出を成している非貨幣的移転も考慮しなければならない（後述参照）。次頁の図2は、一九九六年のフランスで、賃金分布の異なる十分位に対して適用される実効的な平均税率と限界税率を表している。これは独身者のケースにおける所得税、社会保険料、ならびに社会的手当て（社会復帰最低所得保障、住宅手当て…）を考慮したものである［Piketty, 1997］。

**賃金労働者間の再分配の欠如**　図2はまず、実効平均税率がすべての賃金水準に対してプラスであることを表している。最低賃金に近い賃金に対する非常にわずかな住宅手当てを除き、養育する子供のいない賃金労働者は、直接的な貨幣的資金移転を何も受け取っていない。実効平均税率は同じく、子供を持つ低賃金世帯にもプラスである。そこで受け取られる家族手当ては、徴税額よりもつねに極めて小さい。ただし、子供の数が非常に増えることを想定するとその限りではない。次いで図2はとくに、実効平均税率が賃金水準の如何では極めてわずかしか変わらないことも示している。そうした税率は、全体の一〇％から二〇％に相当する最も低い賃金の世帯に対して四五％ほど、

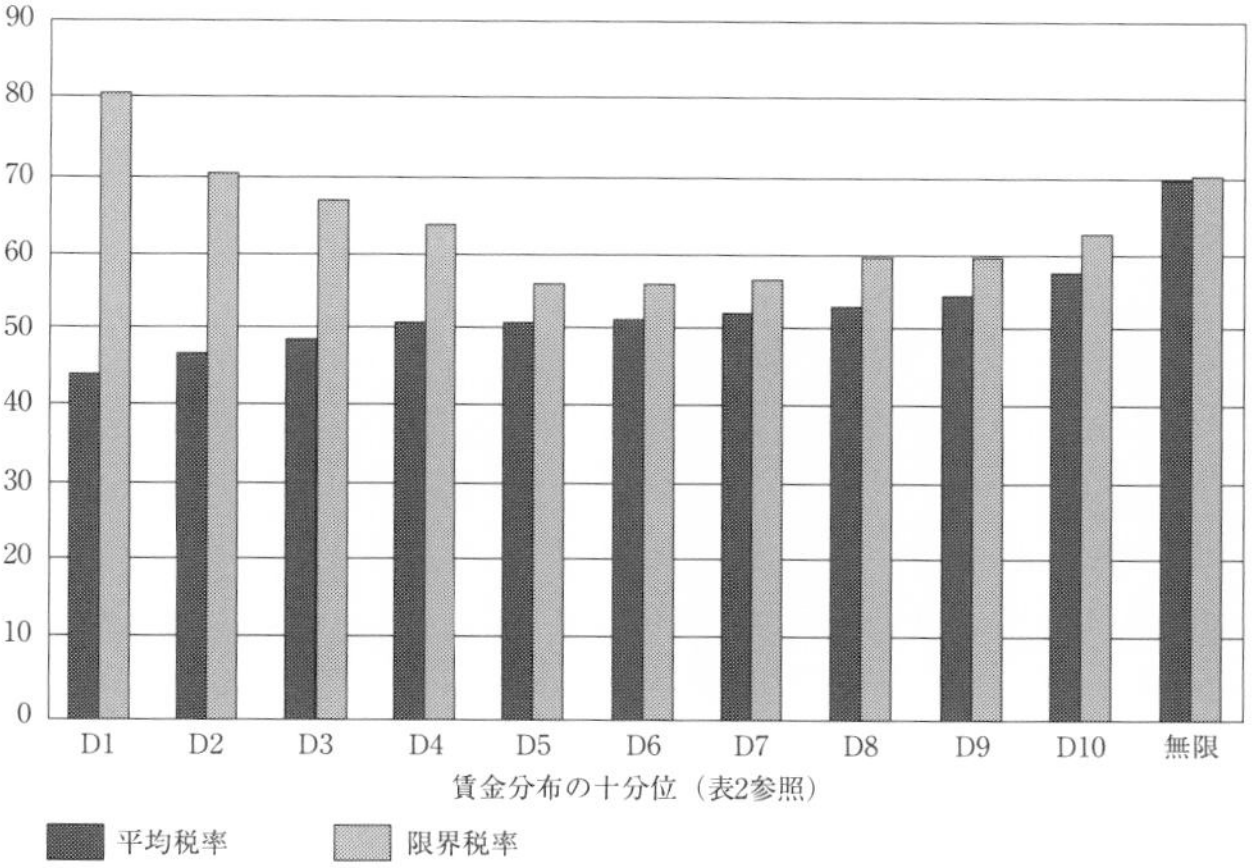


図2.
フランスにおける実効平均税率と実効限界税率：1996 年（%）
出所：Piketty［1997］

また、全体の一〇％から二〇％に相当する最も高い賃金の世帯に対して五五％ほどを表している一方、大部分の平均税率は五〇％あたりに位置づけられる。この理由は簡単である。社会保険料の比例的税率が、所得税の累進税率を大いに上回っているからである。例えば賃金労働者のすべて、すなわち最低賃金生活者から社長までが負う賃金世帯の社会保険料は、医療保険の費用を賄うことに貢献する。それは一九九六年にグロスの賃金の六・八％、つまりネットでの賃金の約八・五％である。このネットでの賃金の八・五％は、子供一人を持ち月に二万フランの賃金を得る夫婦が一九九六年に支払うべき所得税に相当する。しかし、賃金のうち医療保険に対する社会保険料の割合が六・八％であることは、社会保険料全体のせいぜい一〇％を少し上回るにすぎない。その社会保険料全体は、グロスの賃金の約六五%である（賃金労働者の負担が二〇%、雇用者の負担が四五%）！

こうした結論は、複数の子供を持つ世帯に対しても同じく有効である。家族手当ては確かに、低賃金に対してより高くなるような追加的所得の割合（%）を表している。しかし、家族指数のシステムは、高賃金に対してより高くなる所得の割合（%）を表すような、所得税の減少に導く。その結果、実効平均税率の曲線は比較的水平のままである。確かに図2における「無限の所得」を表す棒グラフで示されているように、実効平均税率は、非常に高い所得に対して七〇%まで引き上げられる。そうした所得はまさに、税控除や家族指数の上限を超えている（つまり、その所得は年に約七〇万フランを上回る）。その所得はまた、五六・八%（一九九六年）という上位の所得税の限界税率にしたがう。しかし、こうした現実に関与する世帯はあまりにわずかでしかないので、そのような上位の所得税の限界税率による財政的な重みは多くの場合、政治的な議論で合意された形だけの重みと比べて大きくない（例えば七八～八〇ページを参照）。そこで、とくに図2が示している根本的な現実、すなわち就業者間の実質的な再分配が全く欠如しているという現実を、はっきりと変えることができないのである。その他の比例的な徴税、およびとくに付加価値税は、所得税よりも倍だけ負担を増す。そうした税を考慮すると、以上のような結論がいっそう明らかにされる。

これらのフランスに関する観察は、現代の財政的再分配の主たる特徴をよくまとめている。この点は、国民的な機構上の特殊性を超えて、すべての先進諸国で見ることができる。現代の財政的再分配は、就業者間で行われる大きな貨幣的再分配を何も引き起こしていない。就業者に対する徴税は全体として比例的であるものの、就業者間の資金移転はわずかである。その結果、就業者間の可処分所得の格差は、雇用者が支払う賃金の格差に非常に近い。第一章で見たように、所得の不平等が小さい国は賃金の不平等もわずかな国であり、その逆も同様である。またそうした国は、賃金労働者間の財政的再分配によって、当初高まった賃金の不平等を減少させるような国ではない。このような全体的に所得に比例的な徴税は、伝統的な支出（社会的公正、防衛、道路…）以外に、基本的に失業者に向けた資金移転、教育支出、そしてとりわけ年金、さらには医療支出の費用を賄うように使われる。これらの支出の一部はしばしば、低賃金の就業者、あるいはかれらが就業者であったときに低賃金であった人々に対して、いっそうの利益を提供できる。しかしこのことが、システマチックに実現されるとは考えられない（後述参照）。

**限界税率の「U」字曲線**　徴税と資金移転の実効平均税率により、実際に行われる再分配を測定できる。しかし、この再分配が個人の行動に対して場合により与えるインパクトを測るためには、実効限界税率がふさわしい。図2は、その実効限界税率が、平均の所得よりも低い所得か、もしくはそれより高い所得に対していっそう上昇することを示している。したがってそれは、十分にはっきりとしたU字曲線を描いている。そうした限界税率が、高い所得につれて再び上昇するという事実は驚くべきことではない。高い所得は、所得税を課す計算表の中で、より上位の部分で見ることができる。限界税率が同じく低賃金に対して上昇するという事実は、次のような点で理解できる。すなわち、ゼロ賃金から低賃金までの変化は、得られる賃金に基づいて上昇する徴税を伴うだけではない。それは同時に、労働所得のない人々に対して保持されていた社会的資金移転の喪失をも伴うのである。以下のような労働者の例を見てみよう。彼は月に五三〇ユーロの社会復帰最低所得保障と住宅手当てを受け取る。そして彼は、その行うサービスに対して月に一三七〇ユーロを支払うつもりの雇用者を探すことに成功するとしよう。なぜなら、彼の生産に対する貢献は確実に、少なくともその給与に等しい利益を生むからである。ところが、この労働者はいったんすべての社会保険料を引かれてしまうと、月にネットで七六〇ユーロをかろうじて上回るほどしか受け取れないであろう。言い換えれば、彼のグロスの所得はゼロから月に一三七〇ユーロに変化する一方、その可処分所得は月に五三〇ユーロから七六〇ユーロに移るにすぎない。それゆえ、この労働者は一三七〇ユーロに対して二三〇ユーロしか取っておくことができない。これはすなわち所得の二〇％以下である。このことは図2で示されるように、賃金分布のボトムの十分位に相当する労働者に対して、実効限界税率が八〇％以上の値になることを表している。その他の状況（養育する子供、失業手当ての権利…）は、こうした計算値をわずかに異なるものとするであろう。しかし、実効限界税率はつねに八〇％から九〇％ほどである。あるいはそれは、しばしば一〇〇％をも上回る（この計算の詳細に関してはPiketty［1997］を参照）。

実は、このように最も高い実効限界税率を負担しているのは低賃金労働者なのである。賃金分布の九番目から一〇番目の十分位に至る賃金労働者は、最大で六〇％ほどの限界税率に直面する。ここで、独身者を問題にすると想定しよう。また、所得税の上位部門に属する無限の所得に対して、限界税率は最大で七〇％である。このことは、特別な課税削減の恩恵を受けないことを想定する。一方、こうした税率は、雇用のない人から賃金分布におけるボトムの十分位までの人に対する八〇％から九〇％ほどの税率と対比されよう。このような、実効限界税率の「U」字曲線は、曲線の最初の部分で最も上昇するピークを持つ。この曲線が、現代の財政的再分配に関する第二の大きな特徴となっている。ここで再び、すべての先進諸国に共通した特徴が問題となる。就業による所得を何も持たない人々に対して社会的資金移転を保つこと、そしてそこから低賃金労働者を締め出すことは、貧困と闘ううえで少なくとも見かけはそれほどコストのかからない仕方である。そこでこのようなロジックこそがまさに、そうしたシステムを設定するときに至るところで支配的になったのである。

## 公正な財政的再分配

これらの再分配に関する実効的な平均税率と限界税率の曲線は、社会的公正の観点から見たときに最適であろうか。異なる所得のグループに対して課せられる平均税率や限界税率を増大ないし減少させる必要があるであろうか。

これらの問いに対する答えは、再分配率の高まりが労働に対する意欲と人的資本の供給に対して、したがって再分配それ自体に対して及ぼすことができるマイナスの効果の量的な大きさに大いに依存する。実際に、純粋な再分配の根本的な目的に対して十分に大きなコンセンサスがある。公正な再分配は、それによって最も不利な立場にある個人の生活の機会と条件を可能な限り進展させられることを示している。この点は例えばロールズ派のマクシミン原理が説き明かすものである（序論参照）。確かに、最も不利な立場にある個人の正確な規定をめぐり、対立が依然としてある。この規定は次のような世界、すなわち諸個人が互いに異なり、多様な次元で生きていくような世界では、必ずしも簡単ではない。そしてこのことは、責任の概念規定や社会的公正自体の目的に関する問題を投げかけてしまう。この点は、社会的公正に関する理論の最近の発展で示されているとおりである［Fleurbaey, 1996 ; Roemer, 1996］。

社会的公正の実践的な考えは、マクシミン原理で説かれる。これによれば不平等は、すべての追加的な再分配が、より不利な立場にある人々の利害に反すると許容しえないものとなる。この考えはまた、原則的な反対を引き起こし続ける。これはとくに、経済組織の様式としての価格のシステムと個人的エゴイズムを拒絶するという形で現れる。ところが、社会的公正と再分配に対する個人の姿勢に関するアンケートは、以下の点を示している。それは、諸個人は次のような考え、すなわちコントロールできない諸要因による不平等はできる限り是正されなければならないという考えに、十分に賛同しているという点である。この点はとくに、こうした相対的な一致を、次のような強い不一致、すなわち個人がコントロールする行為の実際の重みというテーマに対して、したがって、再分配による勤労意欲の喪失効果の大きさに対して反対するような不一致と比べたときにはっきりする［Piketty, 1995］。我々がここで集中するのは、この対立に関してである。では、再分配が勤労意欲を失わせるという効果が持っている現実的な重みは何であろうか。

**あまりに多くの徴税は租税を損なわせるか**　一九八〇年代に次のような考えが広まった。税率を高めると、それは高所得者を非常に落胆させるので税収は減少してしまう。それゆえ税率の上昇は誰にも利益をもたらさないし、間違いなくより不利な立場にある人々に対してもそうである。この考えは米国で極めて人気を博した。より一般的には、すべての先進諸国は、かれらの再分配システムが限界に達していないかどうかを問われるようになった。そこでそうした諸国はまさに、かれらの徴税の水準を安定させる段階に入った。この点は、以前の数十年間で、その水準が非常に速く高まったことと対比されよう。こうした動きは、米国で最もめざましかった。米国の上位にある所得税の限界税率は、一九七〇年代末の七〇%から一九八六年には二八%にまで次第に引き下げられたのである。

それでも労働の供給弾力性に関する伝統的な実証的研究は、一般にこの弾力性が極めて小さい、すなわち〇・一〜〇・二ほどであると結論づけている［Blundell, 1995, p.60］。これらの研究は、労働の供給弾力性を測定しているのであって、厳密な意味での人的資本の供給弾力性を測定しているのではない（前述参照）。この点は確かである。それらの研究は、労働時間数に基づいた比率の効果しか考慮していない。この労働時間は、就業者の大半にとって極めてわずかしか変わらない。そこでそうした研究は、労働時間に対する動機づけ、ないしはその有効性に対する効果を考えていない。同時にそれは、人的資本をいっそう獲得しようとする、あるいはより多くの報酬を生むような雇用を探そうとする、そうした意欲に対する効果も考慮しない。しかし、そのような効果は潜在的にはるかに重要である。仮にそうした効果を正しく測定することが非常に難しいとしても、それが完全に消えてしまうとは考えられない。例えば、より上級の学校教育を受けた年齢層の割合が、一九七五年と一九八〇年の間に米国で五％低下した。これは、卒業資格によって得られる収益が一五％減少した後である。次いで一九八〇年代にその割合は新たに約一〇％増えた［Ehrenberg et Smith, 1994, p.289］。これらの事実から、我々は人的資本の供給弾力性を厳格な仕方で推計することはできない。この点は、たとえ人的資本の供給が就職口の漸減に対して限りなく無反応なままであると想定してもそうである。

所得税に対して申告された高所得に関する研究は、一九八六年の米国における租税改革の前後で次のように結論づけた。それは、上位にある所得税の限界税率の低下が及ぼす勤労意欲効果はかなり大きいというものであった。その弾力性は一ほどであった［Feldstein, 1995］。こうした推計は、非常に高い所得に関するものでしかない。そのうえ次のようなことが生じていると思われる。測定された効果の大部分は実際に、次のような所得の移転による。すなわち、この所得は、以前は会社の所得に対する税として申告されたものであり、それが、個人の所得に対する税として申告されるものに移転されたにすぎない。したがってそれは、労働に対する意欲がいっそう高まったことで真に新たに生み出された所得によるのではないし、また、人的資本の獲得によるものでもない［Slemrod, 1995］。これらの異なる形の所得の間における資金移転は、非常に高い所得の典型である。したがって、こうした高所得の変化を見る場合には極めて慎重にならなければならない。米国の上位にある所得税の限界税率は確かに、一九八六年の二八％から一九九三年の三九％に次第に上昇した。ところが、これによって、一九九三年以降に高所得の進展するテンポが著しく下がることはなかった［Goolsbee, 1997］。フランスの経験は、グールズビー（Goolsbee）の分析結果を確証しているように思われる。一九八一年にフランスで設けられた家族指数の上限は実際に、裕福な家族に適用される課税の限界税率を大きく上昇させるように導いた。他方で、同じ水準の所得を得る独身者や子供のいない夫婦は、かれらの税率の分を変えることがなかった。それゆえかれらは、とくに利益を生む「生活上の実際の体験」をなし得た。ところが、毎年申告される所得水準を相互に詳しく調べてみると、すべての高所得はまさにほぼ同じ仕方で変化したことがわかる。この点は、家族指数の数とは独立している。したがってそれは、課せられる限界税率の相違とも独立している［Piketty, 1999］。

現実に限界税率は、平均的な所得やそれ以上の所得に対してよりも、低所得に対してより上昇している（図2）。この事実は、労働の供給弾力性に関して現時点で認識できる状況と同じであり、これらは以下のことを示唆している。唯一高所得を得ている人に対して勤労意欲を喪失させるという効果に賛同し、これを伝統的に配慮することがある。しかし、それは完全に行き過ぎている。同時にそうした配慮によっては、現代の再分配システムが限界に達していることを、全体的に分析することができない。実際に、当初に雇用のない人々（若者、独身者、既婚の女性）の労働市場への参入に対して、限界税率の上昇が与える効果の推計は、数多くの国でつねに次の点を明らかにしている。それは、かれらの労働の供給弾力性が、すでに雇用されている人々に関してよりもはるかに上昇したという点である。この弾性値は、諸研究によれば〇・七と一・二の間を成している［Blundell, 1995, p.59］（フランスの数値に関する最近の研究は Piketty［1998］を参照）。言い換えるならば、まずまずの所得を得られるという見込みは、わずかな所得しか得ていない人に対していっそう大きな勤労意欲の効果を与える。この効果は、さらにいっそう高い所得を得られるという見込みが、すでに安心できる所得を得ている人に対して与える勤労意欲の効果以上である。「貧困から脱け出せないこと」の度合は、「平均所得から脱け出せないこと」の度合よりも潜在的にいっそう大きい。一九九〇年代初め以降の米国における「勤労所得税額控除（ＥＩＴＣ）」の非常に急速な発展は、このような議論を始めるのに大きく貢献した。

**米国の勤労所得税額控除**　勤労所得税額控除は文字どおり、「就業所得に対する課税の軽減」であり、低賃金労働者を有利とする課税の軽減措置と財政資金移転を表している。この税額控除は、一九七五年に控え目な大きさで導入された。しかしそれは、一九九〇年代初め以降、米国における社会的税制の中で中心的な要素となる。複数回にわたる大きな増大の後に、とりわけ一九九三年の増大後に、勤労所得税額控除は一九九六年に就業所得の四〇%に等しいものとなった。そこでの対象となる就業所得は年に九〇〇〇ドル以下であり、次いでそれは九〇〇〇ドルと一万二〇〇〇ドルの間に落ち着いた。その後、この比率は一万二〇〇〇ドルと二万九〇〇〇ドルの間の所得を対象に、二〇%にまで次第に減少した。言い換えるならば、年に九〇〇〇ドル、つまりそれはフルタイムの最低賃金にほぼ等しいが、そうした所得を稼ぐ賃金労働者は、九〇〇〇ドルの四〇%に等しい額、すなわち三六〇〇ドルの課税軽減を受ける。この課税軽減は償還されるものである。すなわち利害当事者は、この軽減額と支払うべき税金の差に等しいだけの小切手を受け取ることができる。その際の税率は、そうした水準の所得に対してはつねに一〇%以下である。その結果、純可処分所得は三〇%以上増大する。一九九六年の米国連邦の最低賃金の引き上げにより（一五三ページを参照）、このメカニズムは一九九〇年代初め以降の米国において、低賃金の職をより魅力的なものとした。勤労所得税額控除の比率は非常に急速に増大したと同時に、とくにそれは、二人の養育する子供を持った低賃金労働者に対してのみ完全な比率として適用されるという事実がある。この事実により、当該の人々の雇用水準に対する勤労所得税額控除の極めて高いプラスの効果を、信頼のできる仕方で測定できる。これは、一をわずかに上回る弾力性に相当した［Eissa et Liebman, 1996 ; Liebman, 1996］。

それゆえ、次のように想定しよう。再分配によって勤労意欲が喪失する効果は実際に、高所得者に対してよりも低所得者に対していっそう高まると。この点はとくに、より貧しい人々に対して再分配を集中させるために伝統的に用いられる実効限界税率の「U」字曲線が、最も効率的な戦略には必ずしもならないかもしれないことを意味するであろう。「U」字曲線の最初の部分を排除すること、すなわち、低賃金労働者に課される徴税を減少すること、また労働の供給弾力性がより小さいような、平均的かつそれ以上の賃金の階層にその分を徴税により移転すること、これらにより雇用を見出せない人々に対するいっそう大きな資金移転の費用を賄うことができる。したがって、より公正な再分配を施すことができる。これは、最も不利な立場にある個人の生活状態が改善されるという意味においてである。それゆえ、賃金労働者間の実質的な財政的再分配が全くないことは、雇用を奪われている人々に対しても同様に有害となるであろう。勤労所得税額控除の経験はしたがって次の点、すなわち、「U」字曲線の最初の部分を平担にすることが、伝統的に政治的に議論されてきたような、高所得者に対して適用される限界税率の低下よりもいっそう優先されるべき目標となるかもしれないという点を示唆している。

**財政的再分配は失業を減少させるか**　勤労所得税額控除の経験は、財政的再分配の失業に対する闘いのために果たす役割という、より一般的な問題も同様に投げかける。この税額控除の雇用水準に対するプラスの効果は、フランスのような国においても得られるであろうか。低賃金が米国では崩壊している一方、フランスではそうでない。この事実はむしろ次の点、すなわち、低賃金の職をより魅力的にし、「貧困から脱け出せないこと」を回避するという問題が、フランスでは真に投げかけられたことはないという点を示している。しかし、フランスの低賃金と米国の低賃金の間で推定される差を過大評価してはならないであろう。確かに米国では一九七〇年代以降、低賃金の水準は絶対的に低下した。これは、歴史的に特異な出来事を成している。ところが、そうした賃金は当初、フランスにおけるものよりも高かった。その結果、一九九六年の米国連邦制の最低賃金が増大した後に、フランスと米国のネットの最低賃金は非常に似通ったものとなる。フランスのグロスの最低賃金は一九九七年一月一日に、時間当たり三八フラン、つまりネットでは時間当たり約二九・七フラン（月当たり五〇一八フラン）になる。後者は、賃金労働者の社会保険料、ならびに一般社会保障負担税／保障債務返済税（ＲＤＳ）による二一・八％分を差し引いた後のものである。他方で、米国連邦の最低賃金は時間当たり五・二〇ドルつまりネットでは時間当たり四・八一ドルになる。後者は、米国の賃金労働者の社会保険料である七・五％分を差し引いた後のものである。一ドルが五・五〇フランという為替相場を固定すると、以上のことは疑いなく、米国の購買力が少し小さいという推計になる。しかしこれは、米国の低賃金労働者の可処分所得を実質的に引き上げる勤労所得税額控除を考慮していない。そこで、米国でのネットの最低賃金は、時間当たり二六・五フランに達する。これは、フランスでのそれが二九・七フランであることと対比される。フランスの低賃金労働者は、生活上の再分配（医療、教育）を自由に利用する。このことは事実である。米国では、かれらはそうしない（あるいはそれほどしない）（後述参照）。しかし、フランスでは非就業者もそれを同様に利用する。そこでこのことは、ここで我々が関心を寄せる勤労意欲の問題を何一つ変えるものではない。したがって、低賃金労働者の可処分所得の復興と「貧国から脱け出せないこと」の問題がフランスで投げかけられないとするのは確かでない。

しかし、米国とフランスの根本的な違いは明らかに次の点にある。それは、雇用の供給すなわち労働の需要は米国で多いのに対し、フランスでそれは非常に限られているという点である。この点をうまく説明することが難しいのは、たとえ両国の利害関係者が受け取る最低賃金が非常に類似しているとしても、「超グロス」の最低賃金すなわち雇用者が支払うすべての社会保険料を考慮したものが非常に異なるためである。米国の雇用者の社会保険料の割合は一九九六年に七・五%である。つまりそれは、雇用者にとって時間当たりの最低賃金が五・五九ドルあるいは三〇・七フランであることを示している。他方でそれは、一九九三年にフランスで四四・八%、つまり雇用者にとって時間当たりの最低賃金が五五フランであることを表す。そして一九九三年以降に設けられた低賃金に対する社会保険料の低下は、一九九七年一月一日に時間当たり最低賃金を四八・一フランに導いたのである。

以上より、フランスの失業に対決するための構造的な財政改革の戦略は、一九七〇年代末以降、低賃金に対する労働需要の復興に集中した。それは、低賃金の労働供給の復興に集中したのではない。このことは、低賃金の相対的コストを低下させる試みとなって現れた。それは、低賃金から高賃金に向けて、雇用者の社会保険料が次第に累進的な形に再び設定されたおかげである（第三章参照）。この戦略は実際に、就業者に課せられる徴税を、わずかながらも累進的にさせることができた。これは、たとえそうした徴税が比較的フラットなままであったとしても（図2）、また一九九三〜一九九六年に低賃金に対する雇用者の社会保険料が疑いなく、非常に低い賃金に対してあまりに強く集中して低下したとしてもそうである。このことは、「低賃金から脱け出せないこと」を引き起こすというリスクに晒される。なぜなら、もしも雇用者が賃金労働者の受け取るネットの賃金を増やすならば、雇用者に対するコストは非常に急速に増大するからである［Piketty, 1997］。

我々が、労働の供給あるいは需要に影響を及ぼそうとするならば、こうした財政的再分配の構造的改革を試みることで、失業に対してどのような量的効果を与えることができるか。もしも、こうした企業の社会保険料の累進化がシステマチックで普遍的であるならば、そしてそれが、被雇用者あるいは雇用者の特別なカテゴリーに留まるのでないならば、長期的効果が「大きい」ことを示している。これは、利用可能な情報のすべてによってわかる。では、この「大きい」とは何を意味しているか。問題は次の点にある。これらの戦略が基づいている供給と需要の弾力性は、取るに足らないものとは考えられないものの、それは一般に、一あたりかそれ以下であるという不都合な傾向を表している。このことは、徴税によって積み立てられた資金が、一人の雇用をつくり出すために引き出されねばならないことを意味するものの、それは、こうした雇用の商業的価値、すなわち雇用毎に雇用者が支払うコストに近いものである。それゆえ国家は、公的な雇用をつくり出すコストを、自身で支払えるであろうと結論したくなる。このことは、スカンジナビア諸国が一九八〇年代に、高まった失業を吸収するために行ったことと同じである。あるいは国家はさらに、専断的に労働を共有させることができる。これは、個人の労働時間を減少させること、また低賃金労働者の購買力の低下を補うことで行われる。これらのすべての戦略は、つくり出される雇用ごとに投資されるフランに等しいだけのコストになるであろう。確かに、次のような大きな相違が見られる。すなわち、民間の雇用は、消費者が引き起こす需要に相当する一方、公的な雇用を生み出す要因はしばしば不確定である。同じように、労働の純粋な共有による雇用創出は、明示的ではないものの、失業者とすでに雇われているすべての就業者の労働を同質なものと想定している。このことは一面で確かであるかもしれない。しかし、それがシステマチックにそうであるとは考えられない。ところが、失業に対する財政的再分配の効果は、こうした議論を終わりにするにはあまりに乏しい。この点は、サービスでの雇用（外食産業、商業…）をつくり出すと期待される民間の雇用がわずかであると推定されればされるほどそうである。そうした財政的再分配は実際に、「栄光の三〇年間（訳注）」の工業の雇用に関する財政的再分配と比べれば大したものではない。それは多くの場合、大きな効力を持っていないように見える。

**マイナスの租税と「市民権を持つ人の所得」**　財政的再分配の改革に関する、見た目はラディカルな提案が、一九六〇年代から一九七〇年代以降に多くの注目を集めた。大人の各人に対する普遍的な資金移転、すなわち毎月同額の貨幣的資金移転を行うことが重視された。この資金移転は、かれらの労働市場に関する所得やステータスがいかなるものであっても行われる。当初、目標を最低限に設定する主義（ミニマリスト）のパースペクティブの下で次のような考えが打ち出された。それは、市場の恩恵のあるメカニズムに基づいて可能な限り最小限のものを求めることである。これはまた、他のすべての「保護」の代わりになる。そうした保護は、控え目な規模の単一の手当てという点で効率的でないと判断される［Friedman, 1962］。これらの提案はそれ以来、実質的な再分配を弁護する人々によってくり返しなされた。これは、すべての人々に分配される野心的な「市民権を持つ人の所得」あるいはベーシック・インカムという形で行われる［Van Parijs, 1995］。こうした普遍的な資金移転は、その当初の形の下でマイナスの租税システムに統合されるようにみなされた。既存のすべての財政的再分配は、この租税システムに代わる。それは、就業者の所得のすべてに単一の限界税率で課税することにより行われる。またこれによって、そうした資金移転の費用が賄われる。これは同時に、就業者の不確定な所得に課税することでも賄われる。このような、普遍的な資金移転に対する望みが高まれば高まるほど、単一の限界税率もいっそう引き上げられるに違いない。民主党の米国大統領選候補者であったマクガヴァン（MacGovern）は、このマイナスの租税の

訳注――栄光の三〇年間は、一九四六年から一九七五年までの期間を指す。そこでは、強い経済成長と生活条件の改善が、先進諸国の大部分で経験された。

純粋なタイプを大々的に提案した唯一の政治家であった。そこで彼は、苦い経験を味わった。一九六八年の米国の大統領選挙が行われたとき、彼の提案したそのような単一の限界税率は三三・三％であった。それでも、その値は予想される資金移転の費用を賄うのに十分であるとは考えられなかった。したがって、勤労所得税額控除とは非常に異なる手段がここで問題となる。なぜかと言えば、そうした控除は以上のこととは反対に、既存の財政的再分配に組み込まれると共に、四〇％ものマイナスの限界税率で特徴づけられるからである。勤労所得税額控除は、すでに存在している資金移転や徴税の手段を変えるものではない。同時にそれは、追加的な資金移転も提供する。この資金移転は、就業所得が何もない人々にはゼロであり、また個人的な就業所得に合わせて四〇％まで税率を上げるものである（前述参照）。

これらの提案は、先のセクションで議論したことを考えると、当然驚いて然るべきもののように思われる。実際に、以下の点は非常に明白である。それは、こうした「普遍的」な資金移転が、一定水準の所得から支払われる税金の全体をつねに下回るであろうという点である。なぜかと言えば、そのための費用を十分に賄わねばならないからである。これらの条件の下で、例えば社会復帰最低所得保障をすべての人に支払うこと、また、そのために支払われる保障額を上回る金額の所得税を増すことはできるはずがない。もしもこの目的が、まさに何の就業所得も持たない人々に対して同じ水準の資金移転を保つことで、低賃金労働者に課される実効限界税率を低下させることにあるとすれば、以下のことを行うのはいっそう簡単なように思われる。それは、低賃金労働者に対して社会復帰最低所得保障の一部を保存させること、あるいはさらに、かれらに課される税金（例えば賃金労働者の社会保険料）も下げさせること、ならびにそれに関連する社会保険料を、平均的な、かつまたより高い所得の人々に振り向けさせることである。市民権を持つ人の所得が「貧困から脱け出せないこと」に対抗できるのはまさしく、普遍的な資金移転によってすべての再分配を変えることよりもむしろ、既存の機構上の手段と同じ仕方を用いることであるかもしれない。

事実、市民権を持つ人の所得に関する優位性は、よりデリケートなものを含んでいる。例えばそうした所得は、労働を見出す点に関して、社会的最低限の資格保有者に対する最良の保障を与えられると共に、かれらの勤労意欲を改善させられる。普遍的な資金移転の場合に、社会的最低限の資格保有者は、仮にかれらの雇用が終わっても最低限の資格を再び見出すことができる。と言うのもかれらが、そうした資格を失うことは決してないからである。他方で、社会復帰最低所得保障タイプのシステムは、かれらの権利を新たに評価しなければならないことを意味している。このことは、行政的な遅延あるいは社会的な烙印のために、現実にはつねに不確定であると同時に、多くの場合、「貧困から脱け出せないこと」をひどくさせる要因となってしまう［Van Parijs, 1995］。より一般的には、こうした資金移転の普遍性によって、最終的に社会政策をそれほど厳しく追求させずに済ますことができる。「左派リベラリスト」はこの点を意識している。そこでかれらは、個人の結婚や社会における地位を無視するのである。

## 効率的な再分配

不平等は数多くの状況の中で、再分配の集団的活動を促す。それはたんに、不平等が社会的公正に関する我々の考えに反するからだけではない。それはまた、不平等が人的資源の恐ろしいほどの浪費を意味するからでもある。この場合の人的資源は、すべての人の利益となるようによりよく使われるものである。典型的な例は、労働市場に関する差別あるいは買い手独占力の例である（前述参照）。このことがわずかに傲慢であることの他に、次のような人々、すなわち雇用者によって不公正に差別されるか、もしくは搾取されている人々に対し、補償的な財政資金移転しか提供しないのは効率的でないであろう。これらの不平等は、再分配の手段を必要とする。こうした手段により、我々はそのような効率的でない部分を是正することができる。これはまさに、積極的格差是正措置、最低賃金、あるいはより一般的には労働市場に対する直接的介入として、所得を再分配しながら行われる。教育と職業教育の政策も同様に、様々な形で効率的な再分配を可能とする手段となる。これによって、労働所得の不平等を構造的に修正することができる（前述参照）。これらの二つの手段、すなわち労働市場に対する直接的介入と教育は、第三章で分析された。他の二つのタイプの効率的な再分配は、歴史的かつ政治的にかなり重要なものであった。社会保障形態の下での再分配と同時に、需要に関するケインジアン的再分配がそうである。

## 再分配と社会保障

信用市場の不完全性、あるいはより単純に「富裕者にしか貸さない」という事実こそが、そもそも最も明白で無駄な不平等の要因となる。この点は、たとえ我々が、この不平等と効率的に闘える手段を必ずしもつねに特定できなかったとしてもそうである（第二章）。事実、信用割当ての原因となる意欲と情報に関する問題は同じように、異なる時点の間で生じる現象に基づくすべての異時点間市場、とりわけ保険市場に当てはまる。このことは市場が、根本的な社会保障をどうして正しく提供できないかを説き明かせると共に、これによって、社会保護に関する公的かつ義務的なシステムを正当化できる。このシステムは、現代における介入主義の核となるのである。

**効率的な社会保障**　例えば、いかなる民間の保険会社も、次のようなことを可能にする保険契約を真に提供することは決してない。それは、一時的に雇用が奪われるリスクを、雇用されていたときの所得で保障することである。しかし、こうした保険は明らかな効用を持っている。同時に、数多くの当該する個人は、そうした保障を得るために代価を支払うつもりである。ところが、このような市場が欠如していることには明白な理由がある。それは、個人の真の就業所得を各時点で見るのが難しいかもしれず、また当該の個人はつねにその所得を過小評価して保険料を低くするのが得と考えているためである。国家や公的な行政機関の民間企業に対する優位性は、かれらがいつでも行政的かつ法制的ないっそう優れた能力を利用するか、あるいはそれをつくり出すことにある。それは、雇用者が支払う所得、したがって失業保険に対する権利を観察しコントロールするためである。

もう一つの重要な要因は、逆選択という現象である。もしも当該の個人が、自身のリスクに晒される確率に関してより優れた情報を利用するならば、そのとき民間の保険会社の間で競争が生じる。これは、わずかしかリスクのない顧客を確実な仕方で引き付けるためであり、また、他の顧客をかれらから引き離すためである。そしてこうした競争が後者の顧客に対し、唯一このような目的で考えられる契約を提案できるようにする。そこで、この契約自体が効率的ではなくなる。それは例えば、必要以上に自己の保険料を高めたり、あるいは最小限のリスクしか保障しなかったりすることで表される。このような現象はとくに、医療保険に関して問題となるかもしれない。そこでは多くの場合、個人のリスクに関する民間情報が重要となる。こうした状況の中で、競争のゲームは全然効率的でないかもしれない。それは、たんに高いリスクを持った個人に対してだけではない。そうした個人は、保険による利益から排除されていることを知る。このことはまた、低いリスクを持った個人に対しても当てはまる。かれらは、効率的ではない契約を提案されることになるのである。すべての人に対して同じになるような義務的な保険を課すことは、かれらに優位性を与えられるであろう。そこでは、保険の対象として低いリスクを持った人々も含まれる。そうした人々は、それゆえ高いリスクを持つ人々に補助金を出すことになる。しかし、かれらはもはや、分離のコストを払うことがないであろう［Rothschild et Stiglitz, 1976］。これと同じ現象はさらに、自動車保険のような他の保険市場に関する公的な調整を正当化できる［Henriet et Rochet, 1988］。医療は、唯一売り手（医者）が真にその価値を測ることができる財である。そしてこのことが、消費者の支払う超過的な消費の価格と水準を結果的に生み出す［Arrow, 1963］。このような事実によって、公的な医療保険は全く異なる正当性を与えられる。こうした議論は多くの場合、米国のように民間保険が支配的な国で医療支出の負担が超過的になるのを説明するために、また公的システムによって支出の集団的調整を正当化するために用いられる。

異なる時点の間で取引が行われる異時点間市場の不完全性は同様に、年金の公的システムを正当化できる。逆選択の現象がそこで見られる。と言うのも、年金は同じく「寿命の保険」だからである。そして実際に、貯蓄を終身年金に転換するように仕向けられた市場は、完全であるはずがない。しかしこのような、寿命の固有の期待に関する民間情報の問題は疑いなく、失業のリスクや医療のリスクに関してよりもそれほど大きなものではない。公的な年金を正当化する主要論点は、単純に市場の不完全性にある。本来、就業者の年齢層と年金受給者の年齢層との間の資金移転を可能とする市場がある。ところが、そこに不完全性が存在する。この不完全性こそが、公的年金を正当化させるのである。もしも、こうした市場が、貯蓄された年金の安全性を保障できないとなれば、とりわけ金融的運用を利用することが限られているような、それほど裕福でない所得者にとってそうであれば、そのときこそ国家が保障する公的な年金システムによって、そのような隙を埋めることができるであろう。

こうしたすべての状況の中で、競争の市場とゲームは多くの場合、とくに消費者が最もよく評価するはずの財とサービスを供給することができない。そこで我々は、義務的な公的システムによって、その役割を効率的に果たすことができる。このことはまた、以下の点も同様に正しいものとみなす。それは、関連する支出が他の公共支出とは別途に取り扱われる点、また、その費用を賄うことを可能とする徴税が、財政的再分配の実効的な平均税率と限界税率の計算において考慮されない点である。もしも、ある賃金労働者の賃金が月に五〇〇〇フランから月に一万フランに移るとすれば、その人は同様に、年金を受け取る権利の金額も二倍にすることができる。そして彼がこうした追加的な権利を得るために支払う追加的な保険料は、それゆえその所得の中で考慮されねばならない。なぜなら、単純に「後払い」された所得が問題となるからである。こうした後払いの所得全体を考慮するためには、図2の「実効的」な平均税率と限界税率を約一五ポイントから二〇ポイント減らさなければならない［Piketty, 1997］。純粋なシステムでは、すべての社会保障はこのようにして、支払われた後払いの所得に対し、各個人にそれに等しいだけの徴税の形をとるであろう。そこでこの社会保障は、再分配を何も引き起こすことはない。同時にそれは、市場の不完全性を効率的に正すだけである。社会保険料はたんに次のような支払い、すなわち、各人が望んでいる保護を得るために行われる支払いに相当しているにすぎない。そうした保護はまた、市場が提示できるものであることを条件としている。

**社会保障は財政的再分配の手段か**　しかしながら社会保障システムの支出は、必ずしもすべて中立的なものではない。これは、賃金労働者間の財政的再分配という観点からそうである。医療保険はその最も単純なケースである。この費用は徴税で賄われる。それは賃金水準に比例的である。他方で、大部分の手当て（治療に対する払戻し、入院費用）はすべての人に対して同じである。これは、効率の点で必ずしも正当化できないとしても、そうしたシステムはまさに十分に正しいとみなすことができる。資本／労働の真の再分配を実現できなければ（前述参照）、公的かつ義務的な医療保険は単純に、マイナスの租税の特別な形になるであろう。これにより、医療支出はすべての人に対して、またその平均額に等しい金額で合意された資金移転の見積もり額を、労働所得に対する比例的な徴税で賄うことができる。こうした「純粋な再分配」というパースペクティブはさらに、医療保険が他の財政的再分配と別途に計上されることを禁じるものではない。これは、すべての人が認める特別な徴税の仕方を用いながら行われる。それは、各人が他の支出と比べた額の大きさを測るためである。それはまた、はっきりと認められた特別な徴税によって、教育支出の費用を賄うことができる点と同じである。

就業者の間で、著しく大きな直接的再分配は限られている以上、これらの二つの社会的支出、すなわち医療支出と教育支出は確かに、現代の再分配に関する二つの主たる要素である。この再分配はこうして、調停された支出によって機能する。それは貨幣的資金移転によって機能するのではない。そうした支出はまさに、資金移転に関する二つの見積もりを成している。その中で各人は、所得水準がどうであれ同じような利益を得る。しかしながらそれは、初等教育や中等教育に関する支出より全く少ない。しかもそうした支出の費用は、徴税で賄われる。この徴税は所得に対して比例的に、もしくはわずかに累進的に増える。さらに、こうした生活上の再分配の大きさによってこそ、再分配のわずかな国と再分配の大きな国の違いを測ることができる。その違いは、就業者間の貨幣的移転で測れるのではない。この移転は、すべての国で取るに足らないほどの大きさである（前述参照）。例えば、フランスの最低賃金労働者と米国の最低賃金労働者が、ほぼ同じネットの賃金を受け取るのは事実である。たとえそうであったとしても、かれらの根本的な違いは次の点にある。それは、米国の最低賃金労働者は自分自身で医療保険と子供たちの教育費を支払わなければならない点である。しかもそうした支払い額は多くの場合、非常に高い。そこで、最低賃金労働者が、米国においてよりもフランスにおいて、より多くの利益を分かち合えるようにするものこそが、こうした財政的再分配に他ならない（かれらが若く、また健康が良好で子供たちがいない場合は別であるが、以上のことはふつう最低賃金労働者のケースに当てはまる）。この点は議論の余地がない。

分配による年金の公的システムに関する支出のケースは、非常に古くから社会的支出の最も大きな部分を表している。同時にこのケースは、完全に異なったものである。実際に、就業生活の間に支払われた所得に対して比例的な社会保険料は、退職のときに資金移転の権利を提供する。この資金移転はそれ自体、過去の所得に対して比例的である。それゆえ再分配のバランスシートは中立的であると信じられる。ところが現実には、退職に直面した根本的な不平等があり、それは、寿命の期待に関する不平等で示される。低賃金労働者の寿命に対する期待は一般に、高賃金労働者のそれよりもはっきりと低い。その結果、低賃金労働者は、明らかにいっそう短い期間でかれらの年金を受け取る。フランスの年金システム全体を考慮した研究で利用できるものは、以下の点を示している。就業生活の間に支払われた社会保険料の一フランに対し、上流階級（カードル）はかれらの退職後の期間に、労働者よりも五〇％以上高い年金総額を受け取るという点である［Chassard et Concialdi, 1989, p.76］。言い換えるならば、年金は逆方向に再分配を機能させている。平均で労働者の支払う保険料の大きな部分が、上流階級の年金資金を賄っているのである。次の点を明確に考慮しなければならない。それは、もしも労働者の支払う社会保険料で集められた貯蓄が、投機や異時点間市場の不完全性で失われるならば、民間の資本化によるシステムは、労働者に対して年金を少しも与えることができないかもしれないという点である。しかし、このように金融市場が、一定の貯蓄を元にして年金を保障できないことは極めて現実的であった。この点をしっかりと理解しなければならない。そうした現実は、両大戦間期の年金ファンドの悲惨な経験が物語っている。このことが、再分配による公的システムの設立をまさに正当化したのである。ところが、そのような金融市場の無能力さはそれ以来はるかに減少した。一九九〇年代に提供された金融商品は、かつてのものよりも保障された収益のある集団的運用の機会をいっそう多く与えるであろう。それには「小額」の貯蓄、すなわち一九九六年における最低賃金労働者の支払う年金保険料（賃金労働者と雇用者の）の月一五〇〇フランのようなものも含まれる。

民間の資本化によるシステムへの移行はしかしながら、寿命の期待に関する不平等問題を完全に解消するものではない。と言うのも、同じような集団的運用が一般に、非常に不平等な所得と寿命の水準を再びグループ化するからである。これは、割当てによるシステムと同じ仕方によってである。いずれにせよ、主たる問題は明らかに次の点にある。それは、このようなシステムから極めてゆっくりとしか脱け出せないという点である。退職者が就業生活の中で、すでに非常に進めてきた貯蓄を年金から奪ってしまうのは公正でない。そうした年金は、かれらにつねに告知されてきたものである。年金の告知は、再分配に反する仕方で年金資金が賄われることが問題になってもなされている。

確かに、年金の公的システムはつねに最低限の手当てを含んでいる。これはフランスでは、老齢者最低保障額のようなものである。そこでそうした手当ては、就業生活の間に十分な社会保険料がなかった場合に支払われる。したがって、それが再分配的であるのは言うまでもない。しかもすべての先進諸国の中で、昔はかなり大きかった「老年の貧困」を根絶させられたのは、また世帯の所得に関する全体的な不平等をはっきりと縮小させたのは、まさにこれらの最低限の年金であった。ところがこうした資金移転は、フランスならびに欧州大陸諸国において年金総額の極めてわずかな部分しか占めない。とくに、同様の最低限保障は次のような国で存在し、また同じような恩恵を与える役割を果たした。そうした国では、年金の公的システムが、このような「最低限設定主義者」の呼びかけで完全につくられた。それは米国やイギリスの場合である。

このように、年金の公的システムに関する総括的な評価がポジティブでもありネガティブでもあることは同じく、「保障される社会」という神話の危うさを示している［Rosanvallon, 1995］。すべての再分配を社会保障の論理で考えること、すなわち、社会のメンバーをすべて同じ「リスク」に晒されている人として描くこと、そしてそうしたリスクに対して集団的に保障しなければならないこと、さらに賃金労働者間の不平等を明示するのを拒絶すること、また、支出がいかなるものであれ、それはどの人の利益にもなるという仕方を明白にするのを拒絶すること、これらのことを行うことで、我々は例えば就業者の間で必要な再分配を設けないような（前述参照）、あるいはまた実際には行わない再分配を設けるようなリスクを犯してしまう。この点は、一定の生活上の再分配を受ける公的な高等教育職のケースと同じく、年金のケースが示しているようなものである。こうした再分配が多くの場合、低所得から高所得への再分配を形成してしまう。この点は、とくにフランスでそうである（前述参照）。

## 再分配と需要

「ケインジアン」の需要による再分配は、効率的な再分配の仕方である。これは、現代の介入主義に関して想定されることと実践されることにおいて、基本的な地位を占めている。このメカニズムは、その最もポピュラーな定式で我々に次のように語る。賃金の増大によって一国経済の財とサービスの需要を再燃させる。そこで就業活動と雇用水準を再び高めることができる。それゆえ再分配に関して、これは可能な限り最もよい世界となる。なぜなら、それは誰にも支払わせることがないと同時に、すべてを増やすことができるからである。このメカニズムが持つ重要度はかなり大きい。しかしそれにもかかわらず、それらの概念的かつ経験的な基盤は比較的脆い。実際に需要による再分配によって、どうして経済活動を高めることができるのか。たんに企業や資本家の購買力を賃金労働者に移転させることが重要になるとすれば、これはまた他方で、社会的公正の理由から卓越したことかもしれない。そうだとしても、どうしてそれによって全体的な需要を増やすことができるのか。それは、企業家や資本家がかれらの購買力を消費に対しても、また投資に対しても費やさないと想定する以外にない。ところが、「遊休である」購買力は存在しない、あるいは存在してもほんのわずかである。直ちに消費されない購買力はつねに、いくらかの部分を、あれかこれかの形の下で、例えば国債に投資される。そこで次のように解釈できる。もしも財とサービスの全体的な需要量が不変であれば、経済活動を再起動させられるのは、そうした需要の構成の変更である。例えばそれは、消費されない所得ができる限り有効には投資されないからであり、また賃金労働者への再分配、あるいは公共支出による原資の動員によって、そうした所得をより効率的な方向に向けさせられるからである。

もう一つの古典的な議論は次のようである。購買力の再分配によって、非常に大規模にしか効率的には生産されないような財の方向に需要を移動することができる。このことによって、全体的な経済活動を再起動できる。それは、より手工業的な生産を犠牲にして行われる。例えば、あまりに大きな購買力の不平等は、工業化を妨げるかあるいは遅らせてしまう。なぜなら、貧困者は工業財に対する需要を十分に生み出すにはあまりに貧しいからであり、また富裕者は、かれらの需要を輸入財や自国のサービスに集中させるからである［Murphy et al., 1989 ; Piketty, 1994, p.791-794］

購買力の再分配こそが、不平等を減少させると同時に、すべての人に利益となるように経済活動を再起動させられる。以上の議論により、この点が確実に正しいとみなすのは十分にわかる。しかしながら、この恩恵をもたらすメカニズムが有効であることの条件が、システマチックにまとめられると考えるわけにはいかない。それは、ケース・バイ・ケースで判断されねばならない。さらに現代の経済学者の間で、マクロ経済的再起動に関するケインズ的メカニズムを動かす解釈は、伝統的に非常に異なる。それは一般に、価格と賃金が、例えば短期で急速に十分調整されることはないとする考えに基づいている。と言うのも例えば、名目賃金は固定されており、また唯一インフレーションの再発によって実質賃金が低下し、そのおかげで経済活動と雇用水準を復興させられるからである。こうした考えによれば、インフレーションは経済構造を動かす歯車に「潤滑油を注ぐ」ことでそれをスムーズに動かすことができる。ところがこの考えは、再分配の可能な限り最もよい世界を非常に考えにくくしてしまう。そうした最良の世界では、これと反対に賃金労働者の購買力の増大が見られる。このことが、復興を可能にするとみなされるのである！　こうした復興政策のその他の構成要素、例えば公的債務の増大のような要素は、資本需要を、したがってそれを保有する人々が受け取る資本報酬を増やすように必ずや導く。そのような要素は多くの場合、まさに疑わしい再分配効率をまた与えてしまう。さらに、これらの景気対策による復興効果は、そうした対策が行われているときに一般的には短期でしか効力を持たない。それゆえその効果が、再分配の条件に関するシステマチックな分析の方法を示す役を務めるのは難しい。とくにそれは、以前に分析された強力な構造的手段と比べられてしまう。

こうしたケインジアンによる再分配の例は、同じく次の点を示している。それは、すべてを同時に解決できるような効率的な再分配を望むことによって、すべての再分配を正当化しようとすることが、いかに生産的ではないかという点である。このような危険性はすでに、「保障される社会」の神話で示された。しかし、そうした危険性はいっそう一般的である。例えば、人的資本の不平等をすべて差別的なタイプの現象に還元してしまう、あるいは賃金の低さの要因をすべて雇用者の買い手独占力に求めてしまうのは人を欺くであろうし、また非生産的であろう。ここで、効率的な再分配の存在を確かめることが必要不可欠であるとしても、各々の不平等の中に経済的に見て大いに効率的でない点がある。この点に対して、いくらか想像的ではあるが、積極的な介入策はそれをなくそうとするであろう。そこで、そのような不平等の経済的に効率的でない点を暴くことにより、財政資金移転の財源に必要な租税をときどき免れられるであろう。しかし、この財政資金移転は、それによって「人為的な」不平等をなくすことはできないとしても、少なくとも生活条件に関する非常に現実的な不平等を確実に減らすことができるのである。

# 訳者解題

本書は、Thomas Piketty, *L'économie des inégalités*, La Découverte, 2015 の全訳である。原題は『不平等の経済学』であるが、本書のタイトルは、ピケティの主張点を生かす意味で『不平等と再分配の経済学——格差縮小に向けた財政政策』とした。本書は、ラ・デクヴェルト社のルペール・シリーズの一冊として、一九九七年に初版が刊行され、以来今日まで七版を数えている。本書はその最新版（二〇一五年刊）を訳したものである。ルペール・シリーズの扱っている領域は、社会科学から文化に至る広範囲に及んでおり、その中で本書は言うまでもなく、経済学の分野に属す*。

基本的にルペール・シリーズは、学生や専門家を中心とする読者層に、各テーマについてわかり易く解説した標準的な概説書のスタイルをとっている。そこで本書も、「不平等」のテーマを、と

*——ルペール・シリーズについて詳しくは、園山大祐氏の解説を参照されたい。（園山大祐「「ルペール«Repére»」シリーズとは」（エマニュエル・サンテリ著、園山大祐監修、村上一基訳『現代フランスにおける移民の子孫たち——都市・社会統合・アイデンティティの社会学』明石書店、二〇一九年）。

くに経済学の視点から基準となる考え方を説き明かしたものである。ただし、本書は、いわゆる通常の経済学のテキストと異なり、経済のみならず、社会、政治、ならびに教育のかなり多くの分野をカバーしている。不平等の問題が、経済を軸としながらまさに総合的に論じられているのである。その意味でピケティの言う経済学は、広義の経済学を指す。本書が、今から二〇年以上も前に出版された点を踏まえると、彼は研究テーマとして当初より不平等問題を取り上げていたと同時に、それを、たんなる経済学の理論的枠組の中でのみ考えるのではなく、いっそう幅広い視点に立って捉えようとしていたことが、本書よりうかがい知ることができる。

ところで、ピケティ自身についての解説はもはや必要ないであろう。彼はあの大著、*Le capital au xxi^e^ siècle*, Seuil, 2013[1]が世界的ベストセラーになったことから、日本でも最も著名な経済学者の一人として知られている。そこで問われるのは、今回訳出した書物の位置づけであろう。本書は初版から今日まで、継続的に版を重ねており、この点は『21世紀の資本』の刊行後も見ることができる。その意味で本書の意義は、初版から二〇年以上経った今日でも失われていない。ピケティ自身、本書の中で『21世紀の資本』を引用していることを考えると、本書が彼の不平等論の原点になっており、この点は今でも変わっていないことがわかる。例えば、今日の「資産の社会」と呼ばれる新しい世界においても、資本の不平等の解消に果たす累進税の役割が同じように主張できることを、本書は謳っているのである。この点に関連して、アイルランドのネヴィン（Nevin）経済研究機構総裁のT・ヒーリー（Healy）は、同国最大紙のアイリッシュ・タイムズ（*The Irish Times*）紙に、本書の英語版[2]が出版された直後に同書の書評を掲載し、そこで次のように評している。「『21世紀の資本』に関する大きなアイデアとキーとなるテーマが、この書物ですでに指示されていた、もしくは暗示されていた[3]」。筆者も、彼の見解に全く賛同する。

実際にピケティ自身も、ごく最近の経済的不平等をめぐる論稿の中で、本書での分析視点に立って分析を行っている[4]。そして、そのような彼の基本的姿勢はまた、二〇一九年に出版された彼の最新書である *Capital et idéologie*, Seuil, 2019（『資本とイデオロギー』）にも引き継がれている。ピケティはその序論で、詳細な歴史分析を行った結果、一つの重要な結論が引き出されたことを示す。彼は次のように語る。「平等と教育のための闘いによってこそ、経済発展と人類の進歩を成し遂げることができた。このことは、所有権、安定、並びに不平等を神聖化することによってなされたのではない[5]」。ここで、平等と並んで教育に重点が置かれている点に注目する必要がある。つまり、人々の受ける教育が、かれらの間で不平等を引き起こす大きな要因になると捉えられる。この点は、本書ですでに指摘されていた。こうしてピケティの歴史分析を支える一つの柱は、不平等の変化を歴史的かつまた地理的にできる限り追求する点に置かれる[6]。このような分析視点の原点もやはり、本書に見ることができるのである。このようにして見ると、本書は、ピケティの二大大著の理解を深めるために並行して読まれる書物として位置づけられて然るべきであろう。

では、本書はいかなる特徴を備えているか。まず、経済的不平等の分析について、独自の視点が打ち出されている。それは、不平等を三次元的に捉える視点である。すなわち、今、仮に横軸に時間軸をとるとすれば、それは歴史的な時系列を意味する。次いで縦軸に空間軸をとれば、それは地理的な相違を表す。同時にそれは各地域の経済発展の違いも示している。そこでさらに、垂直軸として所得格差などで示される不平等の度合を設けると、これによって、時間的（歴史的）かつ空間的（地理的）な各々の点での不平等を見ることができる。つまり、ピケティは不平等の歴史的かつ国際的な比較を試みる。こうして一九世紀の先進国（例えばイギリス）の不平等を、二〇世紀の発展途上国（例えばインド）のそれと比べることが可能となる。こうした分析視点が、彼の頭の中に当初より据えられていたのである。

ところで、ここで一つだけ注意を要する点がある。それは、本書で取り上げられているデータの問題である。確かに、分析対象とされている数値は、アップ・トゥ・デートなものではない。初版以来、少しだけ新しいデータが導入されているものの、それらは最新のものではない。この点については、ピケティ自身も、本書の冒頭における「読者への覚書」で釈明している。また、英語版の「覚書」ではもう少し詳しい説明がなされている。(7) 彼はそこで、とくに最近の国際的調査に言及しながら、それが、個人的レベルでの資本所有の集中だけでなく、国民所得における資本所得の割合などに関する大きな歴史的変化、および最高位の所得のシェアに関する歴史的変化などを示しており、本書でそれらの点が十分に扱われていないことを認める。

確かに、この二〇年の間で資本所得や労働所得に生じた変化とそれに基づく不平等は大きく拡大した。それでは、本書の価値がそのことで大きく損なわれるかと言えば決してそうではない。それは、本書が現状分析を主眼とするものではなく、理論分析に力点を置いているからである。さらに言えば、本書の最大の目的は、経済的不平等の根本問題は何であり、それを解消するにはどうすればよいかという点に関する理論的な分析枠組を提示することにある。次に、この点を確認しておこう。

ピケティの分析枠組は、本書の冒頭から語られているように、所得の不平等と再分配に関するものである。そこで彼は、とくに労働所得に注目する。それは、その不平等が、やはり現代の不平等問題の核となっているからに他ならない。ここでピケティは、そうした再分配に関する一つの大きな枠組を提示する。それは、二つの種類の再分配、すなわち直接的再分配と財政的再分配を表す。これらはまた、効率的な再分配と純粋な再分配という枠組の中で位置づけられる。こうして彼は、この二つの再分配について、詳細かつ冷静に分析する。それは彼が、今日の不平等問題に関する政治的な対立（右派と左派の）も、また経済学者の間の対立も、結局はこれらの再分配をめぐって展開されてきたと認識しているからである。

ピケティは本書の第二章から第四章の三つの章で、この直接的再分配と財政的再分配についてくり返し論じる。ただし、そこではかなり抑制的な姿勢がとられる。彼は、あれかこれかの二者択一的な視点を示しているのでは決してない。言い換えれば、どちらの再分配にもメリットがあることを、彼は十分に認める。しかし、そうとは言え、彼の拠って立つ視点は、一貫して財政的再分配にあり、したがってその優位性があくまでも唱えられるのである。

まず、財政的再分配の優位性は、資本/労働の割当てに関する理論的な側面で主張される（第二章）。そこでは、資本/労働の代替の弾力性に焦点が当てられ、それが十分に高いことが実証的に確かめられることから、財政的再分配の優位性が訴えられる。もしも直接的再分配によって労働に有利な割当てが行われれば、価格のシステムが許す限りは、雇用は減少してしまうからである。このような主張はまた、現代資本主義の中で生活する我々が、市場メカニズムを無視した行動をとることができないとする、彼の基本認識に基づく。

ピケティはこうした分析視点に立ちながら、他方で伝統的な労働組合の考えも批判の対象とする。かれらが、租税の改革による財政的再分配に強く反対し、あくまでも賃金の引上げを要求するからである。この点は、とくにフランスではっきりと現れていた。もちろん彼は、労働組合そのものの意義を否定するわけでは全くない。むしろ彼は、労働所得以外の労働条件の改善に与える労働組合のインパクトを高く評価していることがわかる。

それでは、労働所得の不平等はいかに解消されるべきか。ここでピケティが注目するのは、人的資本と教育の問題である（第三章）。現代の先進資本主義国において、労働所得の不平等をもたらすのが、技術力に基づく人的資本の不平等であり、それはまた教育機会の不平等である。彼はこのように把握する。そうだとすれば、根本的には教育のシステムを変える以外にない。社会の上層部の人々と下層部の人々が受ける教育の機会において、歴然とした格差がある。彼は、この格差を是正するうえで果たす、公共政策の役割を強調するのである。

さらに留意すべき点は、ピケティが、こうした人的資本の不平等は経済的に見て全く効率的でないと指摘する点であろう。人的資本への投資が、社会の階層間で異なれば、それは決して効率的ではない。なぜなら、同じ能力を持つグループに、同じ額の人的資本への投資が行われて初めて、経済効率は高まるとみなされるからである。今日、人的資本の不平等は、情報技術や人工知能の発達に伴ってますます拡大している。しかもそれは、教育の不平等と密接に結びつく。これは、全世界的な問題を提起すると言わねばならない。二〇年以上も前にピケティが指摘した点に、今、我々は再び注目する必要がある。

一方、ピケティは、所得に対してラディカルに効果を与える財政的再分配に注目する。彼はそこで、市民権を持つすべての人に与えるベーシック・インカムを取り上げる。しかし、これには大きな問題がある。それは財源の問題である。もしもそれが十分に確保できなければ、ベーシック・インカムは絵に画いた餅にすぎない。彼はこのように批判する。

こうしてピケティは、租税改革による財政的再分配の優位性をもっぱら唱える。この再分配はごく簡単に言ってしまえば、低所得に対する徴税をより少なくする一方、高所得に対する徴税をより多くすることをつうじて達成される。なぜ、そうした再分配の意義があるのか。それは、低所得者の生活条件がこれによっていっそう改善されるからである。ところが実際には、これと正反対の現象が生じた。それが、フランスを例とした実効限界税率のU字曲線という現象であった。そこでは、低所得者ほどより高い税率を被っていた。これを正して最初の曲線部分をフラット化しなければならない。これは、財政的再分配によって初めて可能となるのである。

さらに、財政的再分配に関連して、もう一点注目しておくべき点がある。それは、ピケティが、諸国間の財政的コーディネーションが不足していることから財政競争が引き起こされていること、そして、それを克服するためには地理的にできるだけ広い範囲での財政連邦制が確立されねばならないと認識している点である。この点がとくに、彼自身は明示していないが、欧州を念頭に置いて打ち出されていることは疑いない。欧州の財政協定が示される中で、結局は財政連邦制なしに財政統合ひいては欧州統合が達成することはありえない。筆者はつねにこう主張してきた。(8) ピケティが、より一般的な形ではあるものの、そうした財政連邦制の視点を示したことの意義は非常に大きいと言わねばならない。

以上、本書でピケティが、労働所得の不平等を是正する手段として財政的再分配を最重視した点を、ごく簡単にまとめてみた。本書におけるピケティの行論は、決してラディカルなものではない。この点は、『21世紀の資本』と対照的であると言えるかもしれない。本書で彼が、市場メカニズムと価格のシステムに一定の信頼を寄せているのはその証左であろう。それゆえ、この点を重視して本書を批判的に論じる経済学者がいる。P・クルーグマン（Krugman）がそうである。彼は、先に見たヒーリーと同じく、本書の英語版に対し、ニューヨーク・タイムズ（*The New York Times*）紙に書評を載せている。(9) 彼は、『21世紀の資本』を最大限に評価する一方、本書の出版の意義に疑問を投じる。そこでは、権力としての資本という認識が見当たらず、ラディカルな議論が全然展開されていない。これがその理由である。

しかし、このクルーグマンの書評はミス・リーディングなものと言わねばならない。第一に彼は、先に見たヒーリーが正しく指摘したような、ピケティの不平等分析に関する基本的視点の一貫性という点を全く無視している。このアイデアの一貫性を再確認することこそが重要であって、ラディカルさの度合が問題になるのではない。その意味で本来であれば、本書のほうがもっと早い段階で、フランス以外の国でも紹介されてよかったのである。そして第二に、本書は基本的に、冒頭で述べたようにルペール・シリーズに組み込まれた標準的なテキストのスタイルをとっており、この点にクルーグマンは全然気づいていない。本書が、できる限り中立的かつまた抑制的に論じられているのもそのためと考えられる。そうした中でピケティは、資本主義の基本的システムをぎりぎりまで受け入れながら、では不平等を解消するにはいったい何ができるかを探ろうとした。こう言ってよいであろう。それだけに、彼の主張することは、ラディカルに論じる場合よりもむしろ現実味を帯びた説得力を持つ。筆者にはそのように思える。

ところで、我が国においても近年、不平等（格差）問題が盛んに取り上げられている。橘木俊詔氏を中心に、数多くの研究者が精力的にこのテーマをめぐって論じている。そこでは、ピケティの主張と同様な点が数多く見出せる。もっとも日本の場合には、累進税に基づく財政的再分配のみならず、最低賃金の引き上げによる直接的再分配も、不平等の解消に効果を発揮することが指摘される(10)。筆者は、日本の問題について全く門外漢であるが、本書でのピケティの議論が、日本の不平等分析の一助になることを願って止まない。

一方、ピケティ自身は、租税と資金移転による財政的再分配の視点をその後も貫いていく。彼は、『21世紀の資本』が刊行される少し前の二〇一一年に、共著の形ではあるが、『財政革命に向けて――二一世紀の所得税』と題した書物を著している。[11] そこでは、フランスを念頭に置きながら、従来の租税に代わって、税収の一部を社会保障に当てるための租税システムの導入が主張される。以下で、その行論をごく簡単に追いながら、ピケティの考えを再確認することにしたい。

まず、租税に対する三つの基本的視点が提示される。[12] それらは、平等性、累進性、ならびに民主性である。第一に平等性については、「同等の所得に同等の租税」という原則が謳われる。これなしで公正な租税は存在しないし、また、それはすべての人に受け入れられない。この点が、現行の租税システムで尊重されていないのである。第二に累進性については、高所得に対していっそう高い実効税率を設けることが唱えられる。ところが現実には、これと反対に低所得に対してより多くの徴税が課せられている。こうした租税システムは当然公正でもないし、また効率的でもない。これによって、高い税金を支払わされている一般市民の、租税システムに対する不信感が高まる。それゆえ、低所得に対する租税の圧力を低下させ、かれらの購買力を大きくする必要がある。そして第三に民主性については、以上の点を踏まえながら、市民、運動家、ならびに労働組合に対して、これまでとは異なるオールタナティブな民主的改革が強く求められる。

以上のような基本的視点に立ちながら、社会的資金移転と租税の改革に関して提言がなされた。

第一に社会的資金移転について。[13] これは、一国の経済的かつ社会的な連帯にとって、必要不可欠な手段である。この資金移転は言うまでもなく、社会保護と結びつく。とくにそれは、就業復帰への意欲を改善するものでなければならない。同時に、そのための財源を確保する必要がある。それは、企業に対する源泉徴収で達成される。歴史的に、そうした徴収によって、社会プログラムのための費用が賄われてきたはずである。現代の資金移転に基づく社会サービスも、このような文脈の下で行われなければならない。

第二に租税改革について。ここで二つの義務的な徴税を取り上げてみたい。一つは社会保険料であり、もう一つは資産に対する課税である。

まず、社会保険料について見てみよう。[14] そもそも社会保障の費用は、雇用者を含む就業者全体の所得に基づく社会保険料で賄われる。そこで、社会保護が医療を中心に拡大すれば、当然にそのための財源が重要な議論の対象となる。さらに、誰がその費用を主として負担すべきか。この点も問題とされて然るべきである。実は本書でも、ピケティは同様の問いを投げかけていた。これに対して、一つの明解な租税改革が提唱される。それは、雇用者の一般的納税として表される。そこでは、かれらの社会保険料の基盤拡大が謳われたのである。一方、低賃金労働者の社会保険料は免除される。つまり、社会保険料に関しても、ピケティが一貫して主張する累進的な租税システムの導入が試みられる。

他方で、資産に対する課税はどうか。これは、フランスで設けられた「連帯富裕税（impôt de

solidarité sur la fortune, ISF)」に関係する。(15) この徴税の元になったのは、一九八一年に左派政権が「大資産税」と称して導入したものである。それゆえ、この税をめぐり、左派と右派の間でイデオロギー的な激しい対立が生じた。その結果、大資産税は一九八六年に廃止され、それに代わって一九八九年に、連帯富裕税という名称の資産税が、左派の要求によって新たに復活したのである。ピケティは本書の冒頭で、租税による再分配の問題が政治的な対立を引き起こすと述べている。資産税の問題はまさに、その典型であると言わねばならない。

ピケティは、この連帯富裕税を中心とする資産税を強く支持する。所得税改革の基本は、資本所得と労働所得に対する徴税を平等にすることにある。これは、資本所得に対する課税を引き上げることで達成される。そもそも財政政策の絶対的なプライオリティは、労働所得に基づく徴税を減らすことにある。これと逆に、資本所得に対する課税を減らすようなことがあってはならない。

ところで、この連帯富裕税に関しては今日、フランスの政治家や経済学者の間で、大きな議論の対象となっている。それはまた、右派と左派の対立をまざまざと見せつけるものである。と言うのも、E・マクロン（Macron）大統領が、連帯富裕税は左派の設けたものとして、それを廃止したからである。(16) 彼は、まさに金持ちのための租税改革を行ったと言ってよい。それがゆえに、フランスの一般市民、とりわけ低所得層の庶民階級は、あの「黄色いベスト」運動をつうじて、連帯富裕税の復活を強く求めた。(17) この点に我々は注目する必要がある。同運動の支持者は、マクロンが一貫して連帯富裕税の復活を拒否する姿勢を示したことに対して強い不満を抱き、彼を厳しく糾弾したのである。[18]

こうした中でピケティも、マクロン政権を批判しながら、連帯富裕税の復活に根本的に賛同する意を表した。[19] それはまた、黄色いベスト運動による連帯富裕税の要求を支持するものであった。[20] 彼は、マクロンの主張、すなわち連帯富裕税によって資本がフランスから流出するという考えは完全に事実誤認であるとし、連帯富裕税に基づく税収額は、これまで着実に増大してきた点を明らかにした。それはまた、公正な租税システムをいかに確立させるかという彼の問題意識に支えられていたのである。

このようにして見ると、ピケティは今日まで一貫して、財政的公正の観点から、累進税を中心とした租税システムの転換による、低所得層に恩恵をもたらすような財政的再分配のあり方を追求してきた。こう言ってよいであろう。

そこで思い浮かぶのは、フランスの大思想家J・J・ルソー（Rousseau）の租税論である。ルソーは、経済問題を論じる中で、租税の平等性と民主性という視点を明解に提示していたのである。[21] 彼はそこで次のように唱える。租税は、人々の同意により正当に設けられねばならないと同時に、国家主権によって要求されてはならない。また、税金の効用が、富裕者を保護するものであってはならない。それは、各人の社会的連合から引き出せるものでなければならない。

ピケティが本書で、なぜ累進税の必要性に執着したのか、また実効限界税率のU字曲線に見られる初めのピークの解消をどうして強く求めたのか。これらの点を踏まえると、彼の基本的な考えは、彼自身は気づいていないかもしれないが、ルソーのそれにつうじていると言わねばならない。二世紀以上も前のルソーの租税に対するビジョンが、ピケティを通して再び世に現れた。このように表現するのは言い過ぎであろうか。

最後に、翻訳の作業に関してひと言。本書におけるピケティのフランス語は、彼の他の書物に比べて極めて難解であった。一文が異常なほどに長いものが多いと共に、込み入った論理で構成されているため、それを平易な日本語に訳すのは簡単でなかった。そこで翻訳にあたり、西南学院大学文学部フランス語専攻教授のT・トリュベール（Thierry Trubert）氏から数多くのご教示をいただいた。ここに記して感謝申し上げたい。また、本書が理論的な性格を強く持っているため、原文にできる限り忠実に訳すことで、論理がよく伝わるようにすることを心がけた。そのため、訳文が少し堅い表現になったことをお許しいただきたい。また、経済学やその他の分野におけるテクニカル・タームについて、本文で十分な説明がないものに、限定的ではあるが訳注を付けた。読者の参考になれば幸である。さらに、わかりにくい概念については、ピケティ自身に問い合わせると共に、本書の英語版も参照した。ただし、英語版は原文に必ずしも忠実でないと共に、語句、文、ならびに節の一部の訳を抜かしていることを付記しておきたい。二〇一九年五月に翻訳の依頼があって以来、何とか短期間で仕上げられたものの、日本語としてわかりづらい点が数多あるかもしれない。この点については、読者のご寛容とご叱正を仰ぎたい。

最後の最後になって誠に恐縮であるが、厳しい出版状況の中で、本書の翻訳を勧めていただき、つねに温かく励ましていただいた明石書店の大江道雅社長、および編集の労をとっていただいた編集部長の神野斉様に心より深謝申し上げたい。

（1）トマ・ピケティ『21世紀の資本』山形浩生・守岡桜・森本正史訳、みすず書房、二〇一四年。
（2）Thomas Piketty, *The economics of inequality*, Translated by Arthur Goldhammer, The Belknap Press of Harvard University Press, 2015.
（3）Healy, T., "The Economics of Inequality by Thomas Piketty: Putting inequlity back on agenda", *The Irish Times*, 6, September, 2015.
（4）Piketty, T., "Les inégalités économiques sur longue période", in Combemale, P., *Les grandes questions économiques et sociales*, La Découverte, 2019, pp.171-172.
（5）Piketty, T., *Capital et idéologie*, Seuil, 2019, p.15.
（6）*ibid.*, pp.26-27.
（7）Thomas Piketty, *The Economics of inequlity*, Translated by Arthur Goldhammer, The Belknap Press of Harvard University Press, 2015. p.vii.
（8）尾上修悟『欧州財政統合論――危機克服への連帯に向けて』ミネルヴァ書房、二〇一四年、一九五ページ。
（9）Krugman, P., "Review: 'The Economics of Inequality', by Thomas Piketty", *The New York Times*, 2, August, 2015.
（10）橘木俊詔『格差社会――何が問題なのか』岩波新書、二〇〇六年、一六四～一六七ページ。
（11）Landais, C., Piketty, T., & Saez, E., *Pour une révolution fiscale—Un impôt sur le revenue pour le XXI$^{e}$ siècle—*, Seuil, 2011.

（12）*ibid.*, pp.8-10.
（13）*ibid.*, pp.110-114.
（14）*ibid.*, pp.116-119.
（15）*ibid.*, pp.121-124.
（16）尾上修悟『「社会分裂」に向かうフランス――政権交代と階層対立』明石書店、二〇一八年、二五四ページ。
（17）尾上修悟『「黄色いベスト」と底辺からの社会運動――フランス庶民の怒りはどこに向かっているのか』明石書店、二〇一九年、八二～八五ページ。
（18）Lemarié, A., & Pietralunga, C., "Sans se renier, Macron lâche du lest pour éteindre la colère", *Le Monde*, 12, décembre, 2018.
（19）Piketty, T., "Le couleur de la justice fiscale", in Confavreux, J., prés., *Le fond de l'air est jaune*, Seuil, 2019.
（20）Piketty, T., "« Gilets jaunes » et justice fiscale", *Le Monde*, 9-10, décembre, 2018.
（21）Rousseau, J.-J., *Discours sur l'économie politique*, in Bernardi, B., dir., *Rousseau —discours sur l'économie politique—*, Librarie philosophique, J.Vrin, 2002, pp.72-76.

ンダークラス：本当に不利な立場に置かれた人々』明石書店，1999年）
WOLFF E. [1992], « Changing inequality of wealth », *AER*, n° 82-2, p. 552-558.
YOUNG A. [1995], « The tyranny of numbers : confronting the statistical realities of the East Asian growth miracles », *QJE*, n° 110.

資本』みすず書房，2014年）
PIKETTY T. et SAEZ E. [2003], « Income inequality in the United States, 1913-1998 », *Quarterly Journal of Economics*, n° 118, p. 1-39.
— [2013], « A theory of optimal inheritance taxation », *Econometrica*, vol. 81, n° 5 (septembre), p. 1851-1886.
PIKETTY T., SAEZ E. et STANTCHEVA S. [2014], « Optimal taxation of top labor incomes : a tale of three elasticities », *American Economic Journal : Economic Policy*, vol. 6, n° 1 (février), p. 230-271.
PIKETTY T., et ZUCMAN G. [2014], « Capital is back : wealth-income ratios in countries, 1700-2010 », *Quarterly Journal of Economics*.
RAWLS J. [1972], *A Theory of Justice*, Clarendon Press, Oxford.（川本隆史・福間聡・神島裕子訳『正義論〔改訂版〕』紀伊国屋書店，2010年）
ROEMER J. [1996], *Theories of Distributive Justice*, Harvard U. Press, Cambridge.（木谷忍・川本隆史訳『分配的正義の理論：経済学と倫理学の対話』木鐸社，2001年）
ROSANVALLON P. [1995], *La Nouvelle Question sociale*, Seuil, Paris.
ROTHEMBERG J. [1996], « Ideology and the distribution of income », MIT, Cambridge.
ROTHSCHILD M. et STIGLITZ J. [1976], « Equilibrium in competitive insurance markets », *QJE*, n° 90, p. 629-650.
SHAVIT Y. et BLOSSFELD H.P. [1993], *Persistent Inequality : Changing Educational Attainment in 13 Countries*, Westview, Boulder.
SLEMROD J. [1995], « Income creation or income shifting ? Behavioral responses to the Tax Reform Act of 1986 », *AER*, n° 85-2, p. 175-180.
SOLOW R. [1956], « A contribution to the theory of economic growth », *QJE*, n° 70, p. 65-94.
— [1958], « A skeptical note on the constancy of relative shares », *AER*, n° 48, p. 618-631.
SPENCE M. [1974], *Market Signalling : Informational Transfer in Hiring and Related Screening Processes*, Harvard U. Press, Cambridge.
TOPEL R. [1993], « What have we learned from empirical studies of unemployment and turnover ? », *AER*, n° 83, p. 110-115.
VAN PARIJS P. [1995], *Real Freedom for All : What (If Anything) Can Justify Capitalism ?*, Clarendon Press, Oxford.
WILLIAMSON J. [1985], *Did British Capitalism Breed Inequality ?*, Allen & Unwin, Boston.
WILLIAMSON J. et LINDERT P. [1980], *American Inequality : A Macroeconomic History*, Academic Press, New York.
WILSON W.J. [1987], *The Truly Disadvantaged : The Inner City, the Underclass and Public Policy*, University of Chicago Press, Chicago.（青木秀男監訳『アメリカのア

MURPHY K., SHLEIFER A. et VISHNY R. [1989], « Income distribution, market size and industrialization », *QJE*, n° 104, p. 537-564.

MURPHY K. et WELCH F. [1993], « Inequality and relative wages », « Occupational change and the demand for skill », *AER*, n° 83-2, p. 104-109, 122-126.

NEUMARK D. et WASCHER W. [1994], « Employment effects of minimum and subminimum wages : reply to Card, Katz and Krueger », *Industrial and Labor Relations Review*, n° 48, p. 497-512.

NIZET J.-Y. [1990], *Fiscalité, économie et politique : l'impôt en France, 1945-1990*, LGDJ, Paris.

OCDE [1985], *The Integration of Women in the Economy*, OCDE, Paris.

— [1993], *Perspectives de l'emploi*, juillet.

— [1995], *Statistiques des recettes publiques des pays membres de l'OCDE, 1965-1994*.

— [1996], *Perspectives économiques de l'OCDE*, n° 59.

— [2000], *Taux de chômage standardizes* (www.oecd.org).

PHELPS E. [1968], « The statistical theory of racism and sexism », *AER*, n° 62, p. 659-661.

— [1994], *Structural Slumps : the Modern Equilibrium Theory of Unemployment, Interest and Assets*, Harvard U. Press, Cambridge.

PIKETTY T. [1994], « Inégalités et redistribution », *Revue d'économie politique*, n° 104, p. 769-800.

— [1995], « Social mobility and redistributive politics », *QJE*, n° 110, p. 551-584.

— [1997], « La redistribution fiscale face au chômage », *Revue française d'économie*.

— [1997b], « Les créations d'emploi en France et aux États-Unis : "services de proximité" contre "petits boulots" ? », *Notes de la fondation Saint-Simon*, n° 93 (décembre) (cf. également *Économie et Statistique*, n° 318 [1998-8], p. 73-99).

— [1998], « L'impact des incitations financières au travail sur les comportements individuels : une estimation pour le cas français », *Économie et Prévision*, n^os^ 132-133 (janvier-mars), p. 1-35.

— [1999], « Les hauts revenus face aux modifications des taux marginaux supérieurs de l'impôt sur le revenu en France, 1970-1996 », *Économie et Prévision*, n° 138-139 (avril-septembre), p. 25-60.

— [2001], *Les Hauts Revenus en France au XX^e^ siècle. Inégalités et redistributions 1901-1998*, Grasset, Paris.（山本知子・山田美明・岩澤雅利・相川千尋訳，若田部昌澄解説『格差と再分配：20 世紀フランスの資本』早川書房、2016年）

— [2011], « On the long run evolution of inheritance : France 1820-2050 », *Quarterly Journal of Economics*, vol. 61, n° 3, p. 1071-1131.

— [2013], *Le Capital au XXI^e^ siècle*, Paris, Seuil (*Capital in the 21st Century*, Harvard University Press, 2014, Cambridge).（山形浩生・守岡桜・森本正史訳『21 世紀の

the structure of wages in four OECD countries », in FREEMAN R. et KATZ L. (dir.), *Differences and Changes in Wage Structure*, University of Chicago Press, Chicago.
KOLM S.C. [1972], *Justice et équité*, Éditions du CNRS, Paris.
KRAMARZ F., LOLLIVIER S. et PELÉ L. [1995], « Wage inequalities and firm-specific compensation policies in France », *Document de travail INSEE-CREST*, n° 9518.
KREMER M. et MASKIN E. [1996], « Wage inequality and segregation by skill », *Working Paper NBER*, n° 5718.
KRUEGER A. et SUMMERS L. [1988], « Efficiency wages and the interindustry wage structure », *Econometrica*, n° 56, p. 259-293.
KRUSSEL P., OHANIAN L., RIOS-RULL J.V. et VIOLANTE G. [1996], « Capitalskill complementarity and inequality », Univ. of Rochester.
KUZNETS S. [1955], « Economic growth and economic inequality », *AER*, n° 45, p. 1-28.
LANDAIS C. [2007], « Les hauts revenus en France (1998-2006) : une explosion des inégalités », *Working Paper PSE*.
LEFRANC A. [1997], « Évolutions des marchés du travail français et américain entre 1970 et 1993 », *Revue économique*.
LEMIEUX T. [1993], « Unions and wage inequality in Canada and in the United States » in CARD D. et FREEMAN R. (dir.), *Small Differences That Matter*, University of Chicago Press.
L'HOMME J. [1968], « Le pouvoir d'achat de l'ouvrier français au cours d'un siècle : 1840-1940 », *Le Mouvement social*, n° 63, p. 41-70.
LIEBMAN J. [1996], Essays on the Earned Income Tax Credit, PhD Dissertation, Harvard.
LOLLIVIER S. et VERGER D. [1996], « Patrimoine des ménages : determinants et disparités », *Économie et Statistique*, n° 296-297, p. 13-32.
LUCAS R. [1990a], « Supply-side economics : an analytical review », *Oxford Economic Papers*, n° 42, p. 293-316.
— [1990b], « Why doesn't capital flow from rich to poor countries ? », *AER*, n° 80, p. 92-96.
MANKIW G., ROMER D. et WEIL D. [1992], « A contribution to the empirics of economic growth », *QJE*, n° 107, p. 407-437.
MEYER C. [1995], *Income Distribution and Family Structure*, PhD Dissertation, MIT.
MORRISSON C. [1991], « L'inégalité des revenus », in LÉVY-LEBOYER M. et CASANOVA J.-C. (dir.), *Entre l'État et le marché : l'économie française de 1880 à nos jours*, Gallimard, Paris.
— [1996], *La Répartition des revenus*, PUF, Paris.
MULLIGAN C. [1996], *Parental Priorities and Economic Inequality*, University of Chicago Press, Chicago.

（村井章子訳『資本主義と自由』日経 BP，2008 年）

GOLDIN C. et MARGO [1992], « The great compression : the wage structure in the United States at mid-century », *QJE*, nº 107, p. 1-34.

GOOLSBEE A. [1997], « What happens when you tax the rich ? Evidence from executive compensation », *NBER Working Paper*, nº 6333.

GOTTSCHALK P. [1993], « Changes in inequality of family income in seven industrialized countries », *AER*, nº 83-2, p. 136-142.

GOUX D. et MAURIN E. [1996], « Meritocracy and social heredity in France : some aspects and trends », *European Sociological Review*.

HAMMERMESH D. [1986], « The demand for labor in the long run », chap.8 in ASHENFELTER O. et LAYARD R. (dir.), *Handbook of Labor Economics*, vol.1, Elsevier Science Publishers BV.

— [1993], *Labor Demand*, Princeton Univ. Press, Princeton.

HARHOFF D. et KANE T. [1994], « Financing apprenticeship training : evidence from Germany », *NBER*, nº 4557.

HENRIET D. et ROCHET J.-C. [1988], « Équilibres et optima sur les marchés d'assurance », in *Mélanges économiques en l'honneur d'Edmond Malinvaud*, Economica, Paris.

HERRNSTEIN R. et MURRAY C. [1994], *The Bell Curve : Intelligence and Class Structure in American Life*, The Free Press, New York.

INSEE [1994], « Un siècle de données macroéconomiques », INSEE Résultats, nº 303-304.

— [1995], « Revenus et patrimoine des ménages, édition 1995 », *INSEE Synthèses*, nº 1.

— [1996a], « Séries longues sur les salaires », *INSEE Résultats*, nº 457.

— [1996b], « Revenus et patrimoine des ménages, édition 1996 », *INSEE Synthèses*, nº 5.

— [1996c], « Rapport sur les comptes de la nation 1995 », *INSEE Résultats*, nºs 471-472-473.

— [1996d], « L'évolution des salaires jusqu'en 1994 », *INSEE Synthèses*, nº 4.

— [2002], « Les salaires dans l'industrie, le commerce et les services en 2000 », *INSEE Résultats Sociétés*, nº 7.

JUDD K. [1985], « Redistributive taxation in a simple perfect foresight model », *Journal of Public Economics*, nº 28, p. 59-83.

JUHN C., MURPHY K. et PIERCE B. [1993], « Wage inequality and the rise in returns to skill », *JPE*, nº 101, p. 410-442.

JUHN C., MURPHY K. et TOPEL R. [1991], « Why has the natural rate increased over time ? », *Brookings Papers on Economic Activity*, nº 2, p. 75-142.

KAHNEMAN D., KNETSCH J. et THALER R. [1986], « Fairness as a constraint on profit seeking », *AER*, nº 76, p. 728-741.

KATZ L., LOVEMAN G. et BLANCHFLOWER D. [1995], « A comparison of changes in

and Welfare, Washington.
COOPER S., DURLAUF S. et JOHNSON P. [1994], « On the transmission of economic status across generations », *ASA Papers and Proceedings*, p. 50-58.
CSERC [1996], *Les Inégalités d'emploi et de revenu*, La Découverte, Paris.
DAVIS S. [1992], « Cross-country patterns of change in relative wages », *NBER Macroeconomics Annual 1992*.
DOUGLAS P. [1976], « The Cobb-Douglas production function once again : its history, its testing and some new empirical values », *JPE*, nº 84, p. 903-915.
DRÈZE J. et SEN A. [1995], *India : Economic Development and Social Opportunity*, Oxford University Press, Delhi.
DUCAMIN R. [1995], *Rapport de la commission d'études des prélèvements fiscaux et sociaux pesant sur les ménages*, ministère de l'Économie et des Finances, Paris.
DUMÉNIL G. et LÉVY D. [1996], *La Dynamique du capital : un siècle d'économie américaine*, PUF, Paris.
EHRENBERG R. et SMITH R. [1994], *Modern Labor Economics*, Harper & Collins, New York.
EISSA N. et LIEBMAN J. [1996], « Labor supply response to the earned income tax credit », *QJE*, nº 111, p. 605-637.
ERIKSON R. et GOLDTHORPE J. [1992], *The Constant Flux : A Study of Class Mobility in Industrial Societies*, Clarendon Press, Oxford.
ERICKSON C. et ICHINO A. [1995], « Wage differentials in Italy », in KATZ L. et FREEMAN R. (dir.), *Differences and Changes in Wage Structure*, University of Chicago Press, Chicago.
FEENBERG D. et POTERBA J. [2000], « The income and tax share of very high income households », *AER*, mai.
FELDSTEIN M. [1995], « The effect of marginal tax rates on taxable income : a panel study of the 1986 *Tax Reform Act* », *JPE*, nº 103, p. 551-572.
FLEURBAEY M. [1996], *Théories économiques de la justice*, Economica, Paris.
FMI [1996], *World Economic Outlook*.
FREEMAN R. [1973], « Changes in the labor market status of Black Americans, 1948-1972 », *Brookings Papers on Economic Activity*, nº 1, p. 67-120.
—— [1995], « Are your wages set in Beijing ? », *Journal of Economic Perspectives*, nº 9-3, p. 15-32.
—— [1996], *Disadvantaged Young Men and Crime*, Harvard University, Cambridge.
FREEMAN R. et MEDOFF J. [1984], *What Do Unions Do ?*, Basic Books, New York.（島田晴雄・岸智子訳『労働組合の活路』日本生産性本部，1987年）
FRIEDMAN M. [1962], *Capitalism and Freedom*, University of Chicago Press, Chicago.

BLUNDELL R. [1995], « The impact of taxation on labor force participation and labor supply », in *Taxation, Employment and Unemployment* (chapitre 3), The OECD Jobs Study, OCDE, Paris.

BOOTH A. et SNOWER D. [1996], *Acquiring Skills : Market Failures, their Symptoms and Policy Responses*, Cambridge Univ. Press, Cambridge.

BOUDON R. [1973], *L'Inégalité des chances*, Armand Colin, Paris.（杉本一郎・山本剛郎・草壁八郎訳『機会の不平等：産業社会における教育と社会移動』新曜社，1983 年）

BOURDIEU P. et PASSERON J.-C. [1964], *Les Héritiers*, Minuit, Paris.（石井洋二郎監訳『遺産相続者たち：学生と文化』藤原書店，1997 年）

—— [1970], *La Reproduction*, Minuit, Paris.（宮島喬訳『再生産』藤原書店，1991 年）

BOURGUIGNON F. [1981], « Paretosuperiority of unegalitarian equilibria in Stiglitz' model of wealth distribution with convex savings function », *Econometrica*, nº 49, p. 1469-1475.

BOURGUIGNON F. et MARTINEZ M. [1996], *Decomposition of the Change in the Distribution of Primary Family Incomes : a Microsimulation Approach Applied to France, 1979-1989*, DELTA.

CARD D. [1992], « The effect of unions on the distribution of wages : redistribution or relabeling ? », *NBER*, nº 4195.

CARD D. et FREEMAN R. [1993], *Small Differences That Matter : Labor Markets and Income Maintenance in Canada and the United States,* University of Chicago Press, Chicago.

CARD D., KRAMARZ F. et LEMIEUX T. [1996], « Changes in the relative structure of wages and employment : a comparison of the United States, Canada and France », *NBER*, nº 5487.

CARD D. et KRUEGER A. [1992], « Does school quality matter ? », *JPE*, nº 100, p. 1-40.

—— [1995], *Myth and Measurement : the New Economics of the Minimum Wage*, Princeton Univ. Press, Princeton.

CHAMLEY C. [1996], *Capital Income Taxation, Income Distribution and Borrowing Constraints*, DELTA.

CHASSARD Y. et CONCIALDI P. [1989], *Les Revenus en France*, La Découverte, « Repères », Paris.

COATE S. et LOURY G. [1993], « Will affirmative action eliminate negative stereotypes ? », *AER*, nº 83, p. 1220-1240.

COHEN D., LEFRANC A. et SAINT-PAUL G. [1996], « French unemployment : a transatlantic perspective », *Economic Policy*.

COLEMAN J. [1966], *Equality of Educational Opportunity*, US Dept. of Health, Education

# 引用・参考文献

*American Economic Review, AER.*
*Journal of Political Economy, JPE.*
*Quarterly Journal of Economics, QJE.*

ADELMAN I. et ROBINSON S. [1989], « Income distribution and development », *Handbook of Development Economics*, vol. 2, North-Holland, New York.
AKERLOF G. et YELLEN J. [1990], « The fair wage-effort hypothesis and unemployment », *QJE*, n° 105, p. 255-283.
ARROW K. [1963], « Uncertainty and the welfare economics of medical care », *AER*, n° 53, p. 941-973.
—— [1973], « The theory of discrimination », in ASHENFELTER O. et REES A. (dir.), *Discrimination on Labor Markets*, Princeton U. Press, Princeton.
ATKINSON A. [1983], *The Economics of Inequality*, Clarendon Press, Oxford.（佐藤隆三・高川清明訳『不平等の経済学』時潮社，1981年）
ATKINSON A., RAINWATER L. et SMEEDING T. [1995], *Income Distribution in OECD Countries*, OCDE, Paris.
ATKINSON A. et STIGLITZ J. [1980], *Lectures on Public Economics*, McGraw-Hill, New York.
BANERJEE A. et GHATAK M. [1995], *Empowerment and Efficiency : the Economics of Tenancy Reform*, MIT, Cambridge.
BANERJEE A. et NEWMAN A. [1993], « Occupational choice and the process of development », *JPE*, n° 101, p. 274-299.
BECKER G. [1964], *Human Capital*, Columbia Univ. Press, New York.（佐野陽子訳『人的資本：教育を中心とした理論的・経験的分析』東洋経済新報社，1976年）
—— [1991], *A Treatise on the Family*, Harvard Univ. Press, Cambridge.
BENABOU R. [1993], « Workings of a city : location, education, production », *QJE*, n° 108, p. 619-652.
—— [1996], « Inequality and growth », *NBER Macroeconomics Annual 1996.*
BEWLEY T. [1994], *A Field Study on Downward Wage Rigidity*, Yale University, New Haven.
BLAU F. et KAHN L. [1994], « The impact of wage structure on trends in US gender wage differentials », *NBER*, n° 4748.

## ら行

## な行



## は行



## ま行



## や行

## た行

## さ行

# 索　引

## あ行



## か行

【著者略歴】

**トマ・ピケティ**（Thomas Piketty）

1971年、フランス（クリシー）生まれ。フランス国立社会科学高等研究院（EHESS）で博士号を取得後、米国MITでの教鞭を経て、現在EHESSの研究所長を務める。また、パリ経済学校の創設に貢献し、2014年より同校教授を兼任する。専門分野は公共政策と経済史。不平等の経済に関し、とくに歴史的かつ国際的なパースペクティブの下に研究を行うスペシャリストとして世界的に有名である。主要著書として、*Les hauts revenus en France au XX^e^ siècle*, Drasset, 2001（山本和子・山田美明・岩澤雅利・相川千尋訳『格差と再分配――20世紀フランスの資本』早川書房、2016年）、*Le capital au XXI^e^ siècle*, Seuil, 2013（山形浩生・守岡桜・森本正史訳『21世紀の資本』みすず書房、2014年）、*Capital et Idéologie*, Seuil, 2019などがある。

【訳者略歴】

**尾上修悟**（おのえ　しゅうご）

1949年生まれ。現在、西南学院大学名誉教授。京都大学博士（経済学）。前日本EU学会理事。2000年と2004年にパリ・シアンス・ポリティークにて客員研究員。主な著書は『イギリス資本輸出と帝国経済』（ミネルヴァ書房、1996年）、『フランスとEUの金融ガヴァナンス』（ミネルヴァ書房、2012年）、『欧州財政統合論』（ミネルヴァ書房、2014年）、『ギリシャ危機と揺らぐ欧州民主主義』（明石書店、2017年）、『BREXIT「民衆の反逆」から見る英国のEU離脱』（明石書店、2018年）、『「社会分裂」に向かうフランス』（明石書店、2018年）、『「黄色いベスト」と底辺からの社会運動』（明石書店、2019年）、『欧州通貨統合下のフランス金融危機』（ミネルヴァ書房、2020年）、A・アルティ『「連帯金融」の世界』（訳書、ミネルヴァ書房、2016年）、『国際金融論』（編著、ミネルヴァ書房、1993年）、『新版 国際金融論』（編著、ミネルヴァ書房、2003年）、『新版 世界経済』（共編著、ミネルヴァ書房、1998年）、『イギリス帝国経済の構造』（共著、新評論、1986年）、『国際経済論』（共著、ミネルヴァ書房、1987年）、『国際労働力移動』（共著、東京大学出版会、1987年）、『世界経済』（共著、ミネルヴァ書房、1989年）、『新国際金融論』（共著、有斐閣、1993年）、『世界経済論』（共著、ミネルヴァ書房、1995年）、『世界経済史』（共著、ミネルヴァ書房、1997年）など。

# 不平等と再分配の経済学
## ――格差縮小に向けた財政政策

2020年2月28日　初版第1刷発行
2020年6月20日　初版第2刷発行

著　者　トマ・ピケティ
訳　者　尾　上　修　悟
発行者　大　江　道　雅
発行所　株式会社 明石書店
〒101-0021 東京都千代田区外神田6-9-5
電　話　03(5818)1171
FAX　03(5818)1174
振　替　00100-7-24505
https://www.akashi.co.jp

装　丁　清水 肇(プリグラフィックス)
印刷・製本　モリモト印刷株式会社

(定価はカバーに表示してあります)
ISBN978-4-7503-4975-6

# 「黄色いベスト」と底辺からの社会運動

## フランス庶民の怒りはどこに向かっているのか

**尾上修悟**［著］

◎四六判／上製／200頁　◎2,300円

燃料税引上げを契機としてフランスで激化した「黄色いベスト運動」は、組織や政党に頼らず、富と権力を集中させる政府への異議申し立てを行っている。格差と不平等が広がり「社会分裂」を招いている現代における新たな社会運動と民主主義のあり方を探る。

【内容構成】

序　章　「黄色いベスト」運動で問われているもの

**第Ⅰ部　抗議運動の展開**

第一章　燃料税引上げに対する抗議運動

第二章　抗議運動の激化と政府の譲歩

**第Ⅱ部　モラル経済の破綻**

第三章　経済的不平等の拡大

第四章　租税システムの不公正

**第Ⅲ部　社会モデルの崩壊**

第五章　社会分裂の深化

第六章　社会不安の拡大

**第Ⅳ部　代表制民主主義の危機**

第七章　寡頭政治体制の確立

第八章　市民主導の国民投票（RIC）

終　章　「黄色いベスト」運動が意味するもの

〈価格は本体価格です〉